CLV

Peter Lüling

William MacDonald

Seiner Spur folgen

Anleitung zur Jüngerschaft

ARBEITSBUCH

clv

Christliche
Literatur-Verbreitung e. V.
Postfach 11 01 35 · 33661 Bielefeld

Abkürzung für eine Bibelversion:

Elb 2003 Elberfelder Übersetzung, Hückeswagen: CSV, 2003, 3. Aufl. 2009.

1. Auflage 2012

Postfach 11 01 35 · 33661 Bielefeld
Internet: www.clv.de

Umschlag: typtop, Andreas Fett, Meinerzhagen
Satz: CLV
Druck und Bindung: CPI – Ebner & Spiegel, Ulm

ISBN 978-3-86699-235-1

Inhalt

Vorwort 8

Teil I: Die Jüngerschaft des Christen 9

1. Ein Jünger sein 10
2. Die revolutionären Lehren Jesu 11
3. Seine radikale Ausbildung I (Lk 6,12-26) 12
4. Seine radikale Ausbildung II (Lk 6,27-38) 14
5. Seine radikale Ausbildung III (Lk 6,39-49) 16
6. Sichern Sie Ihre Zukunft (Mt 6,19-34) 18
7. Er sagte: »Verlasse alles« (Lk 14,25-35) 20
8. Feilschen Sie nicht mit Gott (Mt 20,1-16) 22
9. Machen Sie sich Freunde mit Geld (Lk 16,1-15) 24
10. Die Sünde, die niemand bekennt (1Tim 6,6-10.17-19) 26
11. Nur das Beste für Gott 28
12. Perfekte Sehstärke (2Kor 5,9-21) 30

Teil II: Der Charakter des Christen 33

13. Streben Sie danach, wie Jesus zu sein 34
14. Bekannt für Liebe 35
15. Mitgefühl mit anderen 36
16. Mit Geist erfüllt (Eph 5,18) 37
17. Den niedrigen Platz wählen 38
18. Zerbrich mich, Herr 40
19. In Reinheit leben 42

Teil III: Christliches Leben 45

20. Völlige Hingabe 46
21. Sie können sicher sein – Heilsgewissheit 48
22. Ewige Errettung – Heilssicherheit 49

23. Lassen Sie sich taufen	50
24. Das Mahl des Herrn (Lk 22,7-20; 1Kor 11,23-34)	51
25. Und wie werde ich geführt?	54
26. Die Bibel kennen	55
27. Bibelstudium, um bewährt zu sein	63
28. Haltet an im Gebet	65
29. Die tägliche Zeit mit Jesus	67
30. Ein Anbeter werden	69
31. Lieben Sie die Gemeinde (Versammlung)	73
32. Achten Sie die Höflichkeitsregeln	75
33. Seien Sie nicht leichtgläubig	76
34. Geben Sie niemals auf	77
35. Ein waches Gewissen	78
36. Lebt in Frieden mit allen, …	79
37. Leben Sie opferbereit	80
38. Hüten Sie Ihre Zunge	81
39. Ehe	83
40. Kindererziehung	84
41. Gottes Wege, nicht unsere Wege	85
Teil IV: Der Dienst des Christen	87
42. Erkennen Sie Ihre Gabe(n)	88
43. Ein Diener von allen	89
44. Die Herausforderung persönlicher Evangelisation *von David Dunlap*	90
45. Predige das Wort	92
46. Engel beherbergen, ohne es zu wissen	94
47. Das Leben im Glauben	95
48. Eifer für Jesus	97
49. Meiden Sie das Rampenlicht	98
50. Vorrechte und Verantwortung in einer Gemeinde	99

51. Gemeinden gründen 100
52. Gemeindewachstum durch Evangelisation 101
53. Persönliches Jüngerschaftstraining 103
54. Ausbildung von Leitern *von Rick Belles* 105
55. Außer- bzw. übergemeindliche Organisationen 107
56. Kleiner kann besser sein 108
57. Rat am Ende 110

Anhänge 113
Anhang A: Interesse anfachen, nicht auslöschen 114
Anhang B: Evangelisation als Lebensstil 115
Anhang C: Jüngerschaft als Lebensstil 117
Anhang D: Ich liebe die Versammlungen 118
Anhang E: Sollen wir einen Pastor anstellen? 119
Anhang F: Denken, wie Gott denkt 120
Anhang G: Christliche Literatur – Möglichkeiten und Grenzen 121
Anhang H: Grundlegend – wichtig – nebensächlich 122
Anhang I: Ein Pastor für jede Gemeinde? 124
Von diesem Kurs profitieren 125

Quellenverzeichnis 127

Vorwort

Der Herr hatte 12 Jünger, die er anleitete, eines Tages das von ihm begonnene Werk weiterzuführen. In den Evangelien können wir die Lektionen sehen, die er lehrte. Paulus und Petrus haben ebenfalls Jüngere ausgebildet, damit diese später in den Gemeinden ihre Positionen einnehmen konnten, das Evangelium weiterzutragen und nach Kräften in der Weltmission tätig zu sein. Wir sind dankbar für die vielen Briefe, die uns einen Einblick in die Arbeitsmethoden dieser Brüder gewähren, die Bahnbrechendes geleistet haben.

Mit dem Buch »Seiner Spur folgen. Anleitung zur Jüngerschaft« hat William MacDonald genau dieses Ziel verfolgt. Seine jahrzehntelange Erfahrung im Gemeindeleben und in der Evangelisation sind in diesem Werk zusammengeflossen.

Das Arbeitsbuch soll helfen, einzelne Lektionen zu vertiefen und konkrete, praktische Hilfen für die Anwendung des Gelernten zu finden. Es möchte anregen, persönlich oder in Gruppen tiefer darüber nachzudenken, damit wir immer mehr täglich neu in das Bild des Herrn Jesus umgestaltet werden. Er ist unser großes Vorbild.

William MacDonald hat stets herausfordernd und dabei sehr ausgewogen geschrieben. Er hat uns immer wieder ermutigt, über dem Durchschnitt zu leben. Ich hoffe, dass dieses Buch dabei eine Hilfe ist.

Jemand sagte einmal: »Was nicht zur Tat wird, hat keine Kraft.« In diesem Sinn wollen wir uns gegenseitig ermutigen, Täter seines Wortes zu sein.

Teil I: Die Jüngerschaft des Christen

1. Ein Jünger sein

Lesen Sie den Text im Buch und beantworten Sie dabei folgende Fragen:

1. Wie beschreibt die Bibel einen Jünger?
2. Beschreiben Sie den »Jünger« Jesus!
3. Welche Entwicklung des christlichen Charakters beschreibt das NT?
4. Erklären Sie, warum unser Charakter offensichtlich wichtiger ist als unser Dienst!

Studieren Sie die Verse, beantworten Sie die Fragen dazu und notieren Sie weitere Erkenntnisse.

5. Mk 3,14 – Wie sah der Unterricht für die Jünger bei dem Herrn aus?
6. 2Tim 2,1-6 – Wie sah der Ausbildungsprozess bei Paulus aus?
7. Mt 5,1-12 – Welche Charaktereigenschaften eines Jüngers werden hier gelehrt?

Persönliche Fragen:

8. In welchen Bereichen Ihres Lebens möchten Sie als Jünger wachsen?
9. Wie können Sie lernen, die Frucht des Geistes in Ihrem Leben zu offenbaren (Gal 5,22-23)?
10. Wem könnten Sie helfen, als Jünger zu wachsen? Welche Unterstützung brauchen Sie, um das umzusetzen?

Praktische Aufgabe:

Erklären Sie einer anderen Person die Entwicklung des christlichen Charakters. Notieren Sie, was Ihr Ziel dabei ist.

2. Die revolutionären Lehren Jesu

Lesen Sie den Text im Buch und beantworten Sie dabei folgende Fragen:

1. Worin sind die Lehren Jesu revolutionär?
2. Was ist der Grund, immer wieder Ausreden zu finden, diesen Lehren nicht zu folgen?
3. Wodurch werden diese Lehren Jesu wirkungslos gemacht?
4. Welche 8 Punkte umfassen hier diese Lehren Jesu?

Studieren Sie die Verse, beantworten Sie die Fragen dazu und notieren Sie weitere Erkenntnisse.

5. Lk 14,33 – Wozu fordert der Herr Jesus uns heraus?
6. Lk 14,26 – Definieren Sie, was »hassen« hier bedeutet und wie der Herr darin ein Vorbild ist!
7. Mt 6,19 – Wie können wir uns Schätze im Himmel erwerben?

Persönliche Fragen:

8. Welche Antwort würden Sie der Schreiberin des Briefes geben?
9. An welchem Punkt möchten Sie anfangen, eindeutiger zu sein? Wie wollen Sie vorgehen?
10. Was würde Sie motivieren, diesen radikalen Anforderungen des Herrn zu folgen?

Praktische Aufgabe:

Fassen Sie stichpunktartig zusammen, was die revolutionären Lehren Jesu sind. Sprechen Sie mit dem Herrn darüber, wie es an den jeweiligen Punkten bei Ihnen aussieht.

3. Seine radikale Ausbildung I (Lk 6,12-26)

Lesen Sie den Text im Buch und beantworten Sie dabei folgende Fragen:

1. Der Herr berief nur die Zwölf als seine Jünger. Was will er dadurch deutlich machen?
2. Worin besteht der Segen, materiell arm zu sein?
3. Was wäre passiert, wenn die Jünger immer genügend Geld gehabt hätten?
4. Vier »Weherufe«: Wovor müssen wir uns in Acht nehmen?

Studieren Sie die Verse, beantworten Sie die Fragen dazu und notieren Sie weitere Erkenntnisse.

5. Lk 6,20-23 – Worin besteht die Glückseligkeit? Erklären Sie.
6. Lk 18,24-25 – Warum ist es so schwer für Reiche, in das Reich Gottes einzugehen?
7. Lk 6,23.26 – Worin dienen uns die Propheten (auch die falschen) als ein Beispiel?

Persönliche Fragen:

8. Was müssen Sie tun, um ein einfaches Leben zu führen?
9. Was hindert Sie daran, sich an Nahrung und Bedeckung genügen zu lassen? (1Tim 6,8)
10. Was könnten Sie tun, um wieder um die verlorene Welt zu weinen?

Praktische Aufgabe:

Erstellen Sie einen Plan, wie viel Geld Sie für sich brauchen und wie viel Sie ins Reich Gottes investieren. Wo könnten Sie sich verbessern?

Text: Lukas 6,12-26

V. 12 Und es geschah in selbigen Tagen, dass er auf den Berg hinausging, um zu beten; und er verharrte die Nacht im Gebet zu Gott.
V. 13 Und als es Tag wurde, rief er seine Jünger herzu und erwählte aus ihnen zwölf, die er auch Apostel nannte:
V. 14 Simon, den er auch Petrus nannte, und Andreas, seinen Bruder, und Jakobus und Johannes, und Philippus und Bartholomäus,
V. 15 und Matthäus und Thomas, und Jakobus, Alphäus′ Sohn, und Simon, genannt Zelotes,
V. 16 und Judas, Jakobus′ Bruder, und Judas Iskariot, der auch sein Verräter wurde.
V. 17 Und als er mit ihnen herabgestiegen war, stand er auf einem ebenen Platze, und eine Menge seiner Jünger und eine große Menge des Volkes von ganz Judäa und Jerusalem und von der Seeküste von Tyrus und Sidon, welche kamen, ihn zu hören und von ihren Krankheiten geheilt zu werden;
V. 18 und die von unreinen Geistern Geplagten wurden geheilt.
V. 19 Und die ganze Volksmenge suchte ihn anzurühren, denn es ging Kraft von ihm aus und heilte alle.
V. 20 Und er hob seine Augen auf zu seinen Jüngern und sprach: Glückselig ihr Armen, denn euer ist das Reich Gottes.
V. 21 Glückselig, die ihr jetzt hungert, denn ihr werdet gesättigt werden. Glückselig, die ihr jetzt weinet, denn ihr werdet lachen.
V. 22 Glückselig seid ihr, wenn die Menschen euch hassen werden, und wenn sie euch absondern und schmähen und euren Namen als böse verwerfen werden um des Sohnes des Menschen willen;
V. 23 freuet euch an selbigem Tage und hüpfet, denn siehe, euer Lohn ist groß in dem Himmel; denn desgleichen taten ihre Väter den Propheten.
V. 24 Aber wehe euch Reichen, denn ihr habt euren Trost dahin.
V. 25 Wehe euch, die ihr voll seid, denn ihr werdet hungern. Wehe euch, die ihr jetzt lachet, denn ihr werdet trauern und weinen.
V. 26 Wehe, wenn alle Menschen wohl von euch reden; denn desgleichen taten ihre Väter den falschen Propheten.

4. Seine radikale Ausbildung II (Lk 6,27-38)

Lesen Sie den Text im Buch und beantworten Sie dabei folgende Fragen:

1. Beschreiben Sie die Waffen, die der Herr hier für den geistlichen Kampf bereithält.
2. Wie sollen wir nach den Worten Jesu lieben?
3. Wie und wodurch sollen wir uns von den Ungläubigen unterscheiden?
4. Wodurch wurde Mitsuo Fuchida Christ?

Studieren Sie die Verse, beantworten Sie die Fragen dazu und notieren Sie weitere Erkenntnisse.

5. 1Kor 14,29; 6,1-6; 11,31 – Warum müssen wir richten/ beurteilen?
6. 1Kor 4,5; 3,12; Jak 2,1-4 – Warum dürfen wir nicht richten/ beurteilen?
7. Lk 6,27.32.35 – Welche Arten von Liebe werden hier beschrieben? Erklären Sie.

Persönliche Fragen:

8. Welche innere Haltung erwartet der Herr von Ihnen in den Versen 27-30?
9. Was müssen Sie tun, um diejenigen zu lieben, die Ihnen Hass entgegenbringen?
10. Was hindert Sie daran, diese Liebe Gottes Ihren Mitmenschen zu zeigen?

Praktische Aufgabe:

Schreiben Sie sich 5 Personen auf, mit denen Sie menschlich nicht gut zurechtkommen, und fangen Sie an, täglich für sie zu beten!

Text: Lukas 6,27-38

V. 27 Aber euch sage ich, die ihr höret: Liebet eure Feinde; tut wohl denen, die euch hassen;

V. 28 segnet, die euch fluchen; betet für die, welche euch beleidigen.

V. 29 Dem, der dich auf den Backen schlägt, biete auch den anderen dar; und dem, der dir den Mantel nimmt, wehre auch den Leibrock nicht.

V. 30 Gib jedem, der dich bittet; und von dem, der dir das Deinige nimmt, fordere es nicht zurück.

V. 31 Und wie ihr wollt, dass euch die Menschen tun sollen, tut auch ihr ihnen gleicherweise.

V. 32 Und wenn ihr liebet, die euch lieben, was für Dank ist es euch? Denn auch die Sünder lieben, die sie lieben.

V. 33 Und wenn ihr denen Gutes tut, die euch Gutes tun, was für Dank ist es euch? Denn auch die Sünder tun dasselbe.

V. 34 Und wenn ihr denen leihet, von welchen ihr wieder zu empfangen hoffet, was für Dank ist es euch? Denn auch die Sünder leihen Sündern, auf dass sie das Gleiche wieder empfangen.

V. 35 Doch liebet eure Feinde, und tut Gutes, und leihet, ohne etwas wieder zu hoffen, und euer Lohn wird groß sein, und ihr werdet Söhne des Höchsten sein; denn er ist gütig gegen die Undankbaren und Bösen.

V. 36 Seid nun barmherzig, wie auch euer Vater barmherzig ist.

V. 37 Und richtet nicht, und ihr werdet nicht gerichtet werden; verurteilet nicht, und ihr werdet nicht verurteilt werden. Lasset los, und ihr werdet losgelassen werden.

V. 38 Gebet, und es wird euch gegeben werden: ein gutes, gedrücktes und gerütteltes und überlaufendes Maß wird man in euren Schoß geben; denn mit demselben Maße, mit welchem ihr messet, wird euch wieder gemessen werden.

5. Seine radikale Ausbildung III (Lk 6,39-49)

Lesen Sie den Text im Buch und beantworten Sie dabei folgende Fragen:

1. Warum hängt im Dienst des Jüngers Jesu so viel von seinem Charakter ab?
2. Was müssen wir tun, damit unser Leben lauter und deutlicher redet als unsere Worte?
3. Warum ist unsere Art der Kommunikation ein Barometer unseres Charakters?
4. Wie können Sie ein wirklich authentischer Prediger werden?

Studieren Sie die Verse, beantworten Sie die Fragen dazu und notieren Sie weitere Erkenntnisse.

5. Lk 6,41-42 – Worin besteht das Problem dessen, der anderen helfen will?
6. Lk 6,43-45 – Wovon hängt die Qualität unseres Dienstes ab?
7. Lk 6,46-49 – Was müssen Sie tun, um Ihr Haus auf den Felsen zu bauen? (Kontext beachten!)

Persönliche Fragen:

8. Wie können Sie an Ihrem Charakter arbeiten (lassen)?
9. Wie können Sie vollmächtig in Ihrem Dienst für Gott werden?
10. Verschiedene Geschichten werden hier als Illustrationen gebraucht. – Schreiben Sie eine derartige Geschichte aus Ihrem eigenen Leben auf.

Praktische Aufgabe:

»Du kannst nicht lehren, was du nicht weißt. Du kannst nicht führen, wohin du nicht gehst.« Erklären Sie, was das für Sie bedeutet.

Text: Lukas 6,39-49

V. 39 Er sagte aber auch ein Gleichnis zu ihnen: Kann etwa ein Blinder einen Blinden leiten? Werden nicht beide in eine Grube fallen?

V. 40 Ein Jünger ist nicht über den Lehrer; jeder aber, der vollendet ist, wird sein wie sein Lehrer.

V. 41 Was aber siehst du den Splitter, der in deines Bruders Auge ist, den Balken aber, der in deinem eigenen Auge ist, nimmst du nicht wahr?

V. 42 Oder wie kannst du zu deinem Bruder sagen: Bruder, erlaube, ich will den Splitter herausziehen, der in deinem Auge ist, während du selbst den Balken in deinem Auge nicht siehst? Heuchler, ziehe zuerst den Balken aus deinem Auge, und dann wirst du klar sehen, um den Splitter herauszuziehen, der in deines Bruders Auge ist.

V. 43 Denn es gibt keinen guten Baum, der faule Frucht bringt, noch einen faulen Baum, der gute Frucht bringt;

V. 44 denn ein jeder Baum wird an seiner eigenen Frucht erkannt; denn von Dornen sammelt man nicht Feigen, noch liest man von einem Dornbusch Trauben.

V. 45 Der gute Mensch bringt aus dem guten Schatze seines Herzens das Gute hervor, und der böse bringt aus dem bösen das Böse hervor; denn aus der Fülle des Herzens redet sein Mund.

V. 46 Was heißet ihr mich aber: Herr, Herr!, und tut nicht, was ich sage?

V. 47 Jeder, der zu mir kommt und meine Worte hört und sie tut – ich will euch zeigen, wem er gleich ist.

V. 48 Er ist einem Menschen gleich, der ein Haus baute, welcher grub und vertiefte und den Grund auf den Felsen legte; als aber eine Flut kam, schlug der Strom an jenes Haus und vermochte es nicht zu erschüttern, denn es war auf den Felsen gegründet.

V. 49 Der aber gehört und nicht getan hat, ist einem Menschen gleich, der ein Haus auf die Erde baute ohne Grundlage, an welches der Strom schlug, und alsbald fiel es, und der Sturz jenes Hauses war groß.

6. Sichern Sie Ihre Zukunft (Mt 6,19-34)

Lesen Sie den Text im Buch und beantworten Sie dabei folgende Fragen:

1. Wie sieht das »Vorsorgeprogramm« des Herrn Jesus aus?
2. Was bedeutet es, in Bezug auf materielle Dinge im Glauben zu leben?
3. Warum schließen sich Gott und der Mammon gegenseitig aus?
4. Nennen Sie die 6 Gründe dafür, warum wir uns keine Sorgen machen brauchen.

Studieren Sie die Verse, beantworten Sie die Fragen dazu und notieren Sie weitere Erkenntnisse.

5. Mt 6,25-27 – Was illustrieren uns die Vögel?
6. Mt 6,28-30 – Was können Sie von den Blumen des Feldes lernen?
7. Mt 6,31-34 – Worin liegt der große Unterschied zwischen den Nationen und uns?

Persönliche Fragen:

8. Warum sind Sorgen nutzlos, überflüssig und dumm?
9. Wie bekommen Sie ein »einfältiges« Auge?
10. Was würde Ihren Glauben hinsichtlich der täglichen Dinge stärken?

Praktische Aufgabe:

»Gott (wird) seine erlesensten Segnungen über die ausgießen … die nicht wollen, dass irgendetwas an ihren Händen klebt« (Cameron Thompson). Schreiben Sie auf, was das für Sie bedeutet!

Text: Matthäus 6,19-34

V. 19 Sammelt euch nicht Schätze auf der Erde, wo Motte und Rost zerstört, und wo Diebe durchgraben und stehlen;
V. 20 sammelt euch aber Schätze im Himmel, wo weder Motte noch Rost zerstört, und wo Diebe nicht durchgraben noch stehlen;
V. 21 denn wo dein Schatz ist, da wird auch dein Herz sein.
V. 22 Die Lampe des Leibes ist das Auge; wenn nun dein Auge einfältig ist, so wird dein ganzer Leib licht sein;
V. 23 wenn aber dein Auge böse ist, so wird dein ganzer Leib finster sein. Wenn nun das Licht, das in dir ist, Finsternis ist, wie groß die Finsternis!
V. 24 Niemand kann zwei Herren dienen; denn entweder wird er den einen hassen und den anderen lieben, oder er wird einem anhangen und den anderen verachten. Ihr könnet nicht Gott dienen und dem Mammon.
V. 25 Deshalb sage ich euch: Seid nicht besorgt für euer Leben, was ihr essen und was ihr trinken sollt, noch für euren Leib, was ihr anziehen sollt. Ist nicht das Leben mehr als die Speise, und der Leib mehr als die Kleidung?
V. 26 Sehet hin auf die Vögel des Himmels, dass sie nicht säen noch ernten, noch in Scheunen sammeln, und euer himmlischer Vater ernährt sie. Seid ihr nicht viel vorzüglicher als sie?
V. 27 Wer aber unter euch vermag mit Sorgen seiner Größe eine Elle zuzusetzen?
V. 28 Und warum seid ihr um Kleidung besorgt? Betrachtet die Lilien des Feldes, wie sie wachsen: Sie mühen sich nicht, auch spinnen sie nicht.
V. 29 Ich sage euch aber, dass selbst nicht Salomon in all seiner Herrlichkeit bekleidet war wie eine von diesen.
V. 30 Wenn aber Gott das Gras des Feldes, das heute ist und morgen in den Ofen geworfen wird, also kleidet, nicht vielmehr euch, Kleingläubige?
V. 31 So seid nun nicht besorgt, indem ihr saget: Was sollen wir essen?, oder: Was sollen wir trinken?, oder: Was sollen wir anziehen?,
V. 32 denn nach allem diesem trachten die Nationen; denn euer himmlischer Vater weiß, dass ihr dies alles bedürfet.
V. 33 Trachtet aber zuerst nach dem Reiche Gottes und nach seiner Gerechtigkeit, und dies alles wird euch hinzugefügt werden.
V. 34 So seid nun nicht besorgt auf den morgenden Tag, denn der morgende Tag wird für sich selbst sorgen. Jeder Tag hat an seinem Übel genug.

7. Er sagte: »Verlasse alles« (Lk 14,25-35)

Lesen Sie den Text im Buch und beantworten Sie dabei folgende Fragen:

1. Was meint der Herr, wenn er sagt, wir sollten unsere Verwandtschaft »hassen«?
2. Wie können Sie als Weizenkorn nützlich sein? Wie können wir Frucht bringen?
3. Erklären Sie mit Ihren Worten, was »sein Kreuz tragen« bedeutet!
4. Wie hoch ist der Preis der Jüngerschaft? Was verlangt der Herr von uns?

Studieren Sie die Verse, beantworten Sie die Fragen dazu und notieren Sie weitere Erkenntnisse.

5. Lk 14,28-32 – Was sollen diese beiden Illustrationen bedeuten?
6. Hebr 11,24 – Was alles hat Moses für welches Ziel aufgegeben?
7. Lk 14,34-35 – Was sollen wir vom Salz lernen?

Persönliche Fragen:

8. Inwiefern sind Ihnen Frau und Herr Spurgeon ein gutes Vorbild?
9. Welche Belohnung wäre für Sie ausreichend, um die Antarktis zu erforschen (bzw. Ihr Leben als Jünger Jesu zu führen)?
10. Was können Sie einsetzen, um ein »reicher Christ in einem Zeitalter des Hungers« zu sein / zu werden? Wo wollen Sie diese Woche helfen?

Praktische Aufgabe:

»Jungs, wir müssen nicht zurück. Wir müssen raus.« – Wo müssen Sie hinausgehen, um geistlich Sterbenden zu Hilfe zu eilen? Was müssen Sie dafür hinter sich lassen? Erklären Sie, was dies konkret für Sie bedeutet.

Text: Lukas 14,25-35[1]

V. 25 Es gingen aber große Volksmengen mit ihm; und er wandte sich um und sprach zu ihnen:
V. 26 Wenn jemand zu mir kommt und hasst nicht seinen Vater und seine Mutter und seine Frau und seine Kinder und seine Brüder und Schwestern, dazu aber auch sein eigenes Leben, so kann er nicht mein Jünger sein;
V. 27 und wer nicht sein Kreuz trägt und mir nachkommt, kann nicht mein Jünger sein.
V. 28 Denn wer unter euch, der einen Turm bauen will, setzt sich nicht zuvor nieder und berechnet die Kosten, ob er das Nötige zur Ausführung habe?
V. 29 Auf dass nicht etwa, wenn er den Grund gelegt hat und nicht zu vollenden vermag, alle, die es sehen, anfangen ihn zu verspotten
V. 30 und sagen: Dieser Mensch hat angefangen zu bauen und vermochte nicht zu vollenden.
V. 31 Oder welcher König, der auszieht, um sich mit einem anderen König in Krieg einzulassen, setzt sich nicht zuvor nieder und ratschlagt, ob er imstande sei, dem mit zehntausend entgegenzutreten, der wider ihn kommt mit zwanzigtausend?
V. 32 Wenn aber nicht, so sendet er, während er noch fern ist, eine Gesandtschaft und bittet um die Friedensbedingungen.
V. 33 Also nun jeder von euch, der nicht allem entsagt, was er hat, kann nicht mein Jünger sein.
V. 34 Das Salz nun ist gut; wenn aber auch das Salz kraftlos geworden ist, womit soll es gewürzt werden?
V. 35 Es ist weder für das Land noch für den Dünger tauglich; man wirft es hinaus. Wer Ohren hat zu hören, der höre!

1 Anmerkung des Herausgebers: Bei der Wiedergabe dieses Bibelabschnitts ist darauf zu achten, dass das Wort »Weib« durch »Frau« ersetzt wurde, weil der Tatsache Rechnung getragen werden musste, dass sich die ursprüngliche Bedeutung dieses Wortes im Deutschen verändert hat. Dies gilt sinngemäß auch bei anderen Bibelstellen, in denen der gleiche Sachverhalt vorkommt.

8. Feilschen Sie nicht mit Gott (Mt 20,1-16)

Lesen Sie den Text im Buch und beantworten Sie dabei folgende Fragen:

1. Was ist am Feilschen mit Gott schlecht? Warum?
2. Nach welchem Prinzip belohnt der Hausherr die einzelnen Arbeiter?
3. Warum ist Gnade besser als Gerechtigkeit?
4. Wie muss Ihre Einstellung sein, damit Sie sich über die Gnade, die Gott anderen erweist, von Herzen freuen können?

Studieren Sie die Verse, beantworten Sie die Fragen dazu und notieren Sie weitere Erkenntnisse.

5. Mt 20,10.12 – Was ist der Denkfehler dieser Arbeiter?
6. Mt 20,15 – Was lernen Sie in diesem Vers über Gott?
7. Mt 20,16 – Was ist der Unterschied zwischen Berufenen und Auserwählten?

Persönliche Fragen:

8. Was lernen Sie in diesem Abschnitt über Gott?
9. Welche Einstellungen der Arbeiter sind für Sie nachahmenswert?
10. Warum ist Dankbarkeit die bessere Motivation als Lohn?

Praktische Aufgabe:

Überprüfen Sie anhand dieses Abschnitts erneut Ihre Motivation, für den Herrn unterwegs zu sein, und seien Sie ehrlich dabei.

Text: Matthäus 20,1-16

V. 1 Denn das Reich der Himmel ist gleich einem Hausherrn, der frühmorgens ausging, um Arbeiter in seinen Weinberg zu dingen.
V. 2 Nachdem er aber mit den Arbeitern um einen Denar den Tag übereingekommen war, sandte er sie in seinen Weinberg.
V. 3 Und als er um die dritte Stunde ausging, sah er andere auf dem Markte müßig stehen;
V. 4 und zu diesen sprach er: Gehet auch ihr hin in den Weinberg, und was irgend recht ist, werde ich euch geben.
V. 5 Sie aber gingen hin. Wiederum aber ging er aus um die sechste und neunte Stunde und tat desgleichen.
V. 6 Als er aber um die elfte Stunde ausging, fand er andere stehen und spricht zu ihnen: Was stehet ihr hier den ganzen Tag müßig?
V. 7 Sie sagen zu ihm: Weil niemand uns gedungen hat. Er spricht zu ihnen: Gehet auch ihr hin in den Weinberg, und was irgend recht ist, werdet ihr empfangen.
V. 8 Als es aber Abend geworden war, spricht der Herr des Weinbergs zu seinem Verwalter: Rufe die Arbeiter und zahle ihnen den Lohn, anfangend von den letzten bis zu den ersten.
V. 9 Und als die um die elfte Stunde Gedungenen kamen, empfingen sie je einen Denar.
V. 10 Als aber die ersten kamen, meinten sie, dass sie mehr empfangen würden; und auch sie empfingen je einen Denar.
V. 11 Als sie aber den empfingen, murrten sie wider den Hausherrn
V. 12 und sprachen: Diese letzten haben eine Stunde gearbeitet, und du hast sie uns gleich gemacht, die wir die Last des Tages und die Hitze getragen haben.
V. 13 Er aber antwortete und sprach zu einem von ihnen: Freund, ich tue dir nicht unrecht. Bist du nicht um einen Denar mit mir übereingekommen?
V. 14 Nimm das Deine und gehe hin. Ich will aber diesem letzten geben wie auch dir.
V. 15 Ist es mir nicht erlaubt, mit dem Meinigen zu tun, was ich will? Blickt dein Auge böse, weil ich gütig bin?
V. 16 Also werden die Letzten Erste, und die Ersten Letzte sein; denn viele sind Berufene, wenige aber Auserwählte.

9. Machen Sie sich Freunde mit Geld (Lk 16,1-15)

Lesen Sie den Text im Buch und beantworten Sie dabei folgende Fragen:

1. Warum war der ungerechte Verwalter klug?
2. In welcher Hinsicht sind die Söhne dieser Welt klüger als wir?
3. Wie genau können Sie sich Freunde mit dem ungerechten Mammon machen?
4. Was ist das Geringste/Ungerechte/Fremde und was das Viele/Wahrhaftige/Eurige?

Studieren Sie die Verse, beantworten Sie die Fragen dazu und notieren Sie weitere Erkenntnisse.

5. Lk 16,1-8 – Worin besteht trotz der Sündhaftigkeit dieses Mannes das Nachahmenswerte?
6. Lk 16,9.13 – Was will der Herr Jesus in diesem Kontext uns hier sagen?
7. Wie bekommt man auf ewig Freunde?

Persönliche Fragen:

8. Welchen Umgang erwartet der Herr Jesus von uns bezüglich unserer Güter?
9. Welchen Stellenwert hat das Geld für Sie? Worein investieren Sie Ihr Geld?
10. Wie verstehen Sie den Zusammenhang zwischen Geld (dem Fremden) und den geistlichen Gütern (dem Eurigen)?

Praktische Aufgabe:

Tun Sie heute etwas, um Freunde mit dem ungerechten Mammon zu bekommen!

Text: Lukas 16,1-15

V. 1 Er sprach aber auch zu seinen Jüngern: Es war ein gewisser reicher Mann, der einen Verwalter hatte; und dieser wurde bei ihm angeklagt, als verschwende er seine Habe.

V. 2 Und er rief ihn und sprach zu ihm: Was ist dies, das ich von dir höre? Lege die Rechnung von deiner Verwaltung ab, denn du wirst nicht mehr Verwalter sein können.

V. 3 Der Verwalter aber sprach bei sich selbst: Was soll ich tun? Denn mein Herr nimmt mir die Verwaltung ab. Zu graben vermag ich nicht, zu betteln schäme ich mich.

V. 4 Ich weiß, was ich tun werde, auf dass sie mich, wenn ich der Verwaltung enthoben bin, in ihre Häuser aufnehmen.

V. 5 Und er rief jeden einzelnen der Schuldner seines Herrn herzu und sprach zu dem ersten: Wie viel bist du meinem Herrn schuldig?

V. 6 Der aber sprach: Hundert Bath Öl. Und er sprach zu ihm: Nimm deinen Schuldbrief und setze dich flugs hin und schreibe fünfzig.

V. 7 Danach sprach er zu einem anderen: Du aber, wie viel bist du schuldig? Der aber sprach: Hundert Kor Weizen. Und er spricht zu ihm: Nimm deinen Schuldbrief und schreibe achtzig.

V. 8 Und der Herr lobte den ungerechten Verwalter, weil er klug gehandelt hatte; denn die Söhne dieser Welt sind klüger als die Söhne des Lichts gegen ihr eigenes Geschlecht.

V. 9 Und ich sage euch: Machet euch Freunde mit dem ungerechten Mammon, auf dass, wenn er zu Ende geht, man euch aufnehme in die ewigen Hütten.

V. 10 Wer im Geringsten treu ist, ist auch in vielem treu, und wer im Geringsten ungerecht ist, ist auch in vielem ungerecht.

V. 11 Wenn ihr nun in dem ungerechten Mammon nicht treu gewesen seid, wer wird euch das Wahrhaftige anvertrauen?

V. 12 Und wenn ihr in dem Fremden nicht treu gewesen seid, wer wird euch das Eurige geben?

V. 13 Kein Hausknecht kann zwei Herren dienen; denn entweder wird er den einen hassen und den anderen lieben, oder er wird dem einen anhangen und den anderen verachten. Ihr könnt nicht Gott dienen und dem Mammon.

V. 14 Dies alles hörten aber auch die Pharisäer, welche geldliebend waren, und sie verhöhnten ihn.

V. 15 Und er sprach zu ihnen: Ihr seid es, die sich selbst rechtfertigen vor den Menschen, Gott aber kennt eure Herzen; denn was unter den Menschen hoch ist, ist ein Gräuel vor Gott.

10. Die Sünde, die niemand bekennt (1Tim 6,6-10.17-19)

Lesen Sie den Text im Buch und beantworten Sie dabei folgende Fragen:

1. Was kann man beim Monopoly-Spielen lernen?
2. Was müsste passieren, dass uns »Nahrung und Bedeckung« genügen?
3. Was ist an der Sünde der Habsucht so schlimm? Warum ist sie Götzendienst?
4. Was alles bewirkt die Geldliebe?

Studieren Sie die Verse, beantworten Sie die Fragen dazu und notieren Sie weitere Erkenntnisse.

5. 1Tim 6,6 – Worin besteht der Gewinn? Was müssen Sie investieren, um den Gewinn zu erhalten?
6. 1Tim 6,7 – Welche Schlussfolgerung ziehen Sie aus diesem Vers?
7. Wohin führt letztlich die Geldliebe?

Persönliche Fragen:

8. Beschreiben Sie bitte, warum Habsucht so gefährlich ist.
9. Worin besteht der Wert Ihres Lebens?
10. Wie möchten Sie heute lernen, auf Gott zu vertrauen?

Praktische Aufgabe:

Gewöhnen Sie sich an, zuerst und dauerhaft Gott das zurückzugeben, was ihm gehört. Leben Sie möglichst bescheiden, seien Sie aber großzügig im Geben.

Text: 1. Timotheus 6,6-10.17-19

V. 6 Die Gottseligkeit aber mit Genügsamkeit ist ein großer Gewinn;
V. 7 denn wir haben nichts in die Welt hereingebracht, so ist es offenbar, dass wir auch nichts hinausbringen können.
V. 8 Wenn wir aber Nahrung und Bedeckung haben, so wollen wir uns daran genügen lassen.
V. 9 Die aber reich werden wollen, fallen in Versuchung und Fallstrick und in viele unvernünftige und schädliche Lüste, welche die Menschen versenken in Verderben und Untergang.
V. 10 Denn die Geldliebe ist eine Wurzel alles Bösen, welcher nachtrachtend etliche von dem Glauben abgeirrt sind und sich selbst mit vielen Schmerzen durchbohrt haben.
V. 17 Den Reichen in dem gegenwärtigen Zeitlauf gebiete, nicht hochmütig zu sein, noch auf die Ungewissheit des Reichtums Hoffnung zu setzen, sondern auf Gott, der uns alles reichlich darreicht zum Genuss;
V. 18 Gutes zu tun, reich zu sein in guten Werken, freigebig zu sein, mitteilsam,
V. 19 indem sie sich selbst eine gute Grundlage auf die Zukunft sammeln, auf dass sie das wirkliche Leben ergreifen.

11. Nur das Beste für Gott

Lesen Sie den Text im Buch und beantworten Sie dabei folgende Fragen:

1. Was wollte Gott die Israeliten lehren, indem er alles »Erste«/ Beste von ihnen forderte?
2. Was passiert mit dem Menschen, der Gott den ersten Platz einräumt und ihm das Beste gibt?
3. Welches Ziel verfolgt der Schöpfer damit, dass wir ihm das Beste zuerst geben?
4. Was wollte Gott Abraham lehren, als er seinen Sohn, das Beste, von ihm forderte?

> *»Ihm den schlechten, minderwertigen Teil*
> *unseres Lebens geben,*
> *das dahinschwindende Feuer, die Asche unseres Herzens?*
> *Gott will das Erste und Beste.*
> *Er ist es wert, beides zu bekommen.*
> *Die Frage ist: ›Wird er es von mir bekommen?‹«*

Studieren Sie die Verse, beantworten Sie die Fragen dazu und notieren Sie weitere Erkenntnisse.

5. 1Kö 17,7-16 – Welche Lektion lernen Sie von dieser Frau?
6. Mt 6,9-13 – Was lehrt Sie dieses Gebet im Blick darauf, dass Gott an erster Stelle stehen soll?
7. Mal 1,6-10 – Welche Lektion lehrt uns dieser Abschnitt über Gott, uns und das Beste für ihn?

Persönliche Fragen:

8. Wenn Gott etwas sehr Wertvolles von Ihnen fordert, was denken Sie dann?
9. Was hindert Sie daran, das Beste für Gott zu geben?
10. An welchen Stellen in Ihrem Leben müssen Sie Buße tun?

Praktische Aufgabe:

»Mein Sohn, sollte Gott dich als Missionar berufen, möchte ich nicht erleben müssen, dass du so weit absinkst und nur ein König wirst.« Was könnte das heute für Sie bedeuten?

12. Perfekte Sehstärke (2Kor 5,9-21)

Lesen Sie den Text im Buch und beantworten Sie dabei folgende Fragen:

1. Warum ist die erste Linse (Tatsache der Hölle) so wichtig für uns?
2. Wozu drängt uns die Liebe Christi?
3. Was setze ich für den ewigen Wert der Seelen der Menschen ein?
4. Worin könnte der Richterstuhl Christi eine Motivation für Sie sein?

Studieren Sie die Verse, beantworten Sie die Fragen dazu und notieren Sie weitere Erkenntnisse.

5. 2Sam 23,15-17 – Was lehren Sie die Helden Davids?
6. 2Kö 7,3-20 – Worin sind uns die vier Aussätzigen ein gutes Vorbild?
7. 2Kor 5,18-20 – Wie leben Sie als Gesandter an Christi statt?

Ich seh die Seelen, die vielen, gebunden,
Zum Herrschen bestimmt, doch als Sklaven geschunden.
Ich hör, wie sie leichthin die Gnade verschmäh'n
Und gefährlichem Wahn sich ergeben.
Dann durchdringt's mich, kann nicht wartend steh'n,
Ja, der Kriegsruf, er lässt mich erbeben.
Sie zu retten nur such ich, mag ich auch vergeh'n,
Mag ich auch sterben, sie sollen leben!
(Dichter unbekannt)

Persönliche Fragen:

8. Wie sieht das Drängen der Liebe Christi in Ihrem Leben aus?
9. Woran kann man in Ihrem Leben erkennen, dass Sie eine »neue Schöpfung« sind?
10. Welche der sieben Linsen ist bei Ihnen am notwendigsten? Warum?

Praktische Aufgabe:

Beten Sie eine Woche lang, indem Sie an jedem Tag eine andere Linse benutzen. Dann kann der Herr Ihnen jeweils diejenige Sehschwäche nehmen, die Sie sich an dem betreffenden Tag vorgenommen haben.

Text: 2. Korinther 5,9-21

V. 9 Deshalb beeifern wir uns auch, ob einheimisch oder ausheimisch, ihm wohlgefällig zu sein.
V. 10 Denn wir müssen alle vor dem Richterstuhl des Christus offenbar werden, auf dass ein jeder empfange, was er in dem Leibe getan, nach dem er gehandelt hat, es sei Gutes oder Böses.
V. 11 Da wir nun den Schrecken des Herrn kennen, so überreden wir die Menschen, Gott aber sind wir offenbar geworden; ich hoffe aber, auch in euren Gewissen offenbar geworden zu sein.
V. 12 Denn wir empfehlen uns selbst euch nicht wiederum, sondern geben euch Anlass zum Ruhm unserthalben, auf dass ihr ihn habet bei denen, die sich nach dem Ansehen rühmen und nicht nach dem Herzen.
V. 13 Denn sei es, dass wir außer uns sind, so sind wir es Gott; sei es, dass wir vernünftig sind – euch.
V. 14 Denn die Liebe des Christus drängt uns, indem wir also geurteilt haben, dass einer für alle gestorben ist und somit alle gestorben sind.
V. 15 Und er ist für alle gestorben, auf dass die, welche leben, nicht mehr sich selbst leben, sondern dem, der für sie gestorben ist und ist auferweckt worden.
V. 16 Daher kennen wir von nun an niemand nach dem Fleische; wenn wir aber auch Christum nach dem Fleische gekannt haben, so kennen wir ihn doch jetzt nicht mehr also.
V. 17 Daher, wenn jemand in Christo ist, da ist eine neue Schöpfung; das Alte ist vergangen, siehe, alles ist neu geworden.
V. 18 Alles aber von dem Gott, der uns mit sich selbst versöhnt hat durch Jesum Christum und hat uns den Dienst der Versöhnung gegeben:
V. 19 nämlich dass Gott in Christo war, die Welt mit sich selbst versöhnend, ihnen ihre Übertretungen nicht zurechnend, und hat in uns das Wort der Versöhnung niedergelegt.
V. 20 So sind wir nun Gesandte für Christum, als ob Gott durch uns ermahnte; wir bitten an Christi statt: Lasst euch versöhnen mit Gott!
V. 21 Den, der Sünde nicht kannte, hat er für uns zur Sünde gemacht, auf dass wir Gottes Gerechtigkeit würden in ihm.

Teil II: Der Charakter des Christen

13. Streben Sie danach, wie Jesus zu sein

Lesen Sie den Text im Buch und beantworten Sie dabei folgende Fragen:

1. Hier werden 48 Eigenschaften des Herrn Jesus erläutert. Was fällt Ihnen dazu ein?
2. Welche Qualitäten hatte die Sprache des Herrn Jesus?
3. Wie ist der Herr Jesus mit seinen Mitmenschen umgegangen?
4. Welche Eigenschaften fallen Ihnen im Umgang des Herrn Jesus mit seinem Gott ein?

Studieren Sie die Verse, beantworten Sie die Fragen dazu und notieren Sie weitere Erkenntnisse.

5. Joh 13,15; 1Petr 2,21 – Was lernen Sie praktisch aus diesen beiden Versen?
6. Phil 2,5-11 – Finden Sie alle Eigenschaften Jesu heraus, die Sie nachahmen sollen.
7. Mt 11,25-30 – Was können Sie anhand dieses Abschnitts alles von Ihrem Lehrer lernen?

Persönliche Fragen:

8. Bei der Fülle an Eindrücken in Bezug auf Ihren Heiland – was bringt Sie besonders zur Anbetung?
9. An welchen Charaktereigenschaften des Herrn Jesus müssen Sie in Ihrem Leben besonders arbeiten?
10. Wie wollen Sie mehr in das Bild des Herrn Jesus umgestaltet werden? Welche Schritte werden Sie unternehmen?

Praktische Aufgabe:

Notieren Sie sich diese Eigenschaften Jesu in diesem Kapitel auf ein gesondertes Blatt, legen Sie es in Ihre Bibel. Bevor Sie dann am Morgen beten, sollten Sie sieben dieser Eigenschaften durchlesen und mit Ihrem Heiland darüber reden, was sie Ihnen bedeuten.

»Das Ebenbild Gottes wird nicht an der Form unseres Körpers erkannt, sondern an der Schönheit des erneuerten Sinnes und Herzens. Heiligkeit, Liebe, Demut, Sanftmut, Freundlichkeit und Vergebung – diese machen den himmlischen Charakter aus.«

14. Bekannt für Liebe

Lesen Sie den Text im Buch und beantworten Sie dabei folgende Fragen:

1. Schreiben Sie eine ausführliche Definition von Liebe auf.
2. Warum sind Liebe und Wahrheit aneinander geknüpft?
3. Woran kann man sehen, wie Gott die Menschen liebt?
4. Was ist der Unterschied zwischen der göttlichen und der menschlichen Liebe?

Studieren Sie die Verse, beantworten Sie die Fragen dazu und notieren Sie weitere Erkenntnisse.

5. 1Kor 13 – Beschreiben Sie jede einzelne Eigenschaft der Liebe mit einer konkreten Situation aus dem Leben des Herrn Jesus.
6. Joh 3,16 und 1Jo 3,16 – Was lernen Sie in beiden Versen über die Liebe, und was können Sie davon in Ihrem Leben umsetzen?
7. Joh 13,35 – Wie zeigt diese Liebe untereinander, dass wir seine Jünger sind? An welchen Taten kann die Welt das erkennen?

Persönliche Fragen:

8. Sympathie oder Liebe – wovon ist Ihr Umgang mit Ihren Mitmenschen geprägt? Was müssen Sie ändern?
9. Nennen Sie konkrete Dinge, die Sie tun möchten, wenn Sie über die Liebe des Herrn Jesus nachdenken.
10. Wie ist Ihr Umgang mit Menschen, durch die Sie verletzt wurden? Was sagt der Herr Jesus dazu?

Praktische Aufgabe:

Lesen Sie noch einmal 1. Korinther 13. An welcher dieser Eigenschaften werden Sie diese Woche besonders arbeiten? Bitten Sie den Herrn darum, Ihnen zu helfen, so zu lieben, wie es dasteht, und gehen Sie konkrete Schritte.

15. Mitgefühl mit anderen

Lesen Sie den Text im Buch und beantworten Sie dabei folgende Fragen:

1. Was setzt Mitgefühl bei uns voraus?
2. Nennen Sie wenigstens fünf Situationen, in denen der Herr sein Mitgefühl zeigte. Was lernen Sie von Ihrem Meister?
3. Was ist das größte Hindernis, um mitfühlend zu sein?

Lass mich die Sünder sehen,
Wie sie mein Heiland sieht,
Von Herzen recht verstehen,
Wie Er sich um sie müht.

Verlorne Schafe bringen
Dem, der so gern vergibt,
Dass sie mit uns besingen
Den, der zuerst geliebt.

Studieren Sie die Verse, beantworten Sie die Fragen dazu und notieren Sie weitere Erkenntnisse.

4. Jak 5,11 – Was lernen Sie hier über das Mitgefühl des Herrn Jesus?
5. Hebr 4,14-16 Was qualifizierte den Herrn Jesus zum Mitgefühl mit anderen?
6. Lk 10,25-37 – Was lernen Sie in dieser Geschichte über das Mitgefühl?

Persönliche Fragen:

7. Gibt es Menschen/Situationen, für die Sie kein Mitgefühl und Mitleid haben? Warum ist das so?
8. In welchen Situationen hätten Sie gern Mitgefühl bekommen? Was lehrt Sie das für andere?

Praktische Aufgabe:

Überlegen Sie, wer in Ihrer Umgebung Mitgefühl nötig braucht. Zeigen Sie ihm das heute durch einen Anruf, eine E-Mail, einen kurzen Besuch oder eine freundliche Geste.

16. Mit Geist erfüllt (Eph 5,18)

Text: Epheser 5,18

5,18 Und berauschet euch nicht mit Wein, in welchem Ausschweifung ist, sondern werdet mit dem Geiste erfüllt.

Lesen Sie den Text im Buch und beantworten Sie dabei folgende Fragen:

1. Welche Wirkungen des Heiligen Geistes geschehen bei der Errettung (einmalig und dauerhaft wirksam), und welche Auswirkungen haben sie im Leben des Geretteten?
2. Das Neue Testament unterscheidet zwei Arten der Erfüllung mit dem Geist. Welche sind das? Was sind die Unterschiede?
3. Welche Übereinstimmungen und Unterschiede gibt es zwischen Trunkenheit und Erfüllung mit dem Geist?
4. Wie zeigt es sich, dass jemand mit dem Heiligen Geist erfüllt ist?

Studieren Sie die Verse, beantworten Sie die Fragen dazu und notieren Sie weitere Erkenntnisse.

5. Joh 17,17; Kol 3,16 – Welche Rolle spielt das Wort Gottes bei der Erfüllung mit dem Heiligen Geist?
6. Röm 12,1-2 – Welche Voraussetzungen müssen Sie hier erfüllen, damit der Heilige Geist Sie erfüllen kann?
7. Apg 4,8.31; 9,17.22; 13,9 – Woran zeigt sich bei diesen Personen, dass sie vom Heiligen Geist erfüllt waren?

Persönliche Fragen:

8. Was müssen Sie tun, um vom Heiligen Geist erfüllt zu sein?
9. Wie werden Sie andere ermutigen, die Fülle des Heiligen Geistes zu erleben?
10. Was ist der wesentliche Unterschied zwischen 1. Johannes 1,9 und Sprüche 28,13? Wie wenden Sie den Vers aus Sprüche 28,13 in Ihrem Leben an?

»Wenn es eine Sünde ist, von Wein betrunken zu sein, dann ist es eine größere Sünde, nicht mit dem Heiligen Geist erfüllt zu sein.«

Praktische Aufgabe:

Schreiben Sie konkret auf, was Sie heute tun müssen, damit Sie vom Heiligen Geist erfüllt sein können.

17. Den niedrigen Platz wählen

Lesen Sie den Text im Buch und beantworten Sie dabei folgende Fragen:

1. Warum ist die Sünde des Stolzes dermaßen gefährlich und schlimm?
2. Bitte definieren Sie die Sünde des Stolzes!
3. Was ist an dem Gebet »Ja, … denn so war es wohlgefällig vor dir«[2] so schwer? Warum?
4. Warum sind große Menschen immer solche, die nicht an sich denken?

»Betrachte den Stolz nicht einfach als einen schlechten Wesenszug oder die Demut nur als ganz nette Tugend. Das eine ist vollkommen höllisch und das andere vollkommen himmlisch.«

Studieren Sie die Verse, beantworten Sie die Fragen dazu und notieren Sie weitere Erkenntnisse.

5. Joh 13,1-20 – Nennen Sie konkrete Lerninhalte zu unserem Thema, die Sie umsetzen möchten.
6. 1Kor 3,7; 4,7 – Warum sind diese Verse demütigend und doch so befreiend?
7. Joh 3,27; 15,5c – Was sagen Ihnen diese Verse zu unserem Thema?

Persönliche Fragen:

8. Welche Geschichten aus dem Leben Jesu fallen Ihnen ein, wenn Sie an »den niedrigsten Platz wählen« denken? Was lernen Sie von ihm?
9. Welche Auswirkungen wird es haben, wenn Sie den niedrigsten Platz einnehmen?

»Der Anfang der Größe ist, klein zu sein; zunehmende Größe ist, geringer zu sein; und die Vollendung der Größe ist, nichts zu sein.«

2 Vgl. Matthäus 11,26 (Elb 2003).

10. An welchen Stellen in Ihrem Leben macht Ihnen der Stolz am meisten zu schaffen?

Praktische Aufgabe:

Erklären Sie einem christlichen Freund, warum es gut ist, den niedrigsten Platz zu wählen. Wie ermutigen Sie ihn, es umzusetzen?

»Wahre Demut besteht nicht so sehr darin,
schlecht von uns selbst zu denken,
als vielmehr darin,
überhaupt nicht an uns zu denken.
Ich bin zu schlecht, um es wert zu sein,
an mich zu denken;
was ich möchte, ist, mich selbst zu vergessen
und zu Gott aufzuschauen,
der tatsächlich so würdig ist,
dass ich all meine Gedanken auf ihn verwende.«

18. Zerbrich mich, Herr

> *»Gott gebraucht die Menschen und Dinge zu seiner Ehre, die vollkommen zerbrochen sind.«*

Lesen Sie den Text im Buch und beantworten Sie dabei folgende Fragen:

1. Zum Zerbruch gehört Schuldbekenntnis. Wie sieht ein solches aus?
2. Was geschieht, wenn wir uns weigern, Schuld einzusehen und zu bekennen? Suchen Sie zu jedem Punkt eine Bibelstelle oder eine biblische Illustration!
3. Welche weiteren Kennzeichen werden im Leben eines zerbrochenen Menschen sichtbar?
4. Welche Schritte können wir gehen, um wirklich vom Herrn zerbrochen zu werden und so ein brauchbares Werkzeug für ihn zu sein?

> *»Wir sollten wie Löwen für Gottes Angelegenheiten kämpfen, aber wie Lämmer in unseren eigenen Angelegenheiten nachgeben.«*

Studieren Sie die Verse, beantworten Sie die Fragen dazu und notieren Sie weitere Erkenntnisse.

5. Ps 32 und 51 – Beschreiben Sie den Menschen, der sündigt, nicht bekennen will und dann doch wieder zurechtkommt. Stellen Sie dar, wie es dann in seinem Leben weitergeht.
6. Röm 8,28.29 – Was sagt dieser Vers über unser Zerbrochensein aus?
7. 1Mo 50,20 – Wie zeigt sich hier der Zerbruch von Joseph?

Persönliche Fragen:

8. Was hindert Sie daran, im Gebet zu sagen: »Herr, zerbrich mich«?

> *»Sanftmut ist nicht Schwäche, sie ist Kraft unter Kontrolle.«*

9. »Bitte, vergib mir, ich habe gegen dich gesündigt.« Warum fällt Ihnen ein solches Bekenntnis so schwer?

10. Versuchen Sie zu erklären, warum wir eher Gott unsere Sünden und Fehler bekennen, als sie auch vor Menschen einzugestehen.

Praktische Aufgabe:

Überlegen Sie, ob Sie in dieser Woche gegenüber jemandem schuldig geworden sind. Haben Sie es vielleicht noch nicht in Ordnung gebracht? Dann machen Sie sich jetzt auf und bekennen Sie vor Gott und den Menschen Ihre Schuld.

»Wenn Liebe aufhört zu bluten,
hört sie auf zu segnen.«

19. In Reinheit leben

> *»Lass nicht zu, dass die Versuchung zur Sünde*
> *und die Gelegenheit zur Sünde zusammentreffen.*
> *Halte mich fern von der Sünde, selbst wenn ich sie begehen will.«*

Lesen Sie den Text im Buch und beantworten Sie dabei folgende Fragen:

1. Was würde Sie motivieren, ein wirklich reines Leben (auch in Gedanken) zu führen?
2. Warum ist Reinheit so wichtig für die Nachfolge hinter dem Herrn Jesus her?
3. Nennen Sie gute Argumente dafür, warum jede Form der Selbstbefriedigung Sünde ist!
4. Welche Schritte sollten wir gehen, um von der in uns wohnenden Sünde befreit zu werden?

Studieren Sie die Verse, beantworten Sie die Fragen dazu und notieren Sie weitere Erkenntnisse.

5. 1Kor 9,27 – Wie ist Paulus Ihnen ein Vorbild, in Reinheit zu leben?
6. 1Kor 6,12-20 – Welche Argumente stehen in diesem Abschnitt, dass wir in Reinheit leben sollen?
7. 5Mo 17,14-20 – Woran ist Salomo gescheitert, wenn es um die königlichen Gesetze geht, von denen Sie hier lesen? Was hätte ihn bewahren können, das uns in gleicher Weise bewahrt? Wieso hat selbst seine große Weisheit ihn nicht davor bewahrt?

Persönliche Fragen:

8. Welche Maßnahmen ergreifen Sie, um nicht in sexuelle Sünden zu fallen?
9. Wie können Sie Selbstdisziplin trainieren?
10. Wie gehen Sie damit um, dass Gott in der Person des Heiligen Geistes in Ihrem Körper wohnt?

Praktische Aufgabe:

Wenn Gott über Ihnen über die Schulter schauen würde (was tatsächlich immer geschieht), wenn Sie im Internet surfen, was würden Sie dann ändern?

Text: 1Kor 6,12-20

V. 12 Alles ist mir erlaubt, aber nicht alles ist nützlich. Alles ist mir erlaubt, aber ich will mich von keinem überwältigen lassen.
V. 13 Die Speisen für den Bauch, und der Bauch für die Speisen; Gott aber wird sowohl diesen als jene zunichtemachen. Der Leib aber nicht für die Hurerei, sondern für den Herrn, und der Herr für den Leib.
V. 14 Gott aber hat sowohl den Herrn auferweckt, als er auch uns auferwecken wird durch seine Macht.
V. 15 Wisset ihr nicht, dass eure Leiber Glieder Christi sind? Soll ich denn die Glieder Christi nehmen und zu Gliedern einer Hure machen? Das sei ferne!
V. 16 Oder wisset ihr nicht, dass, wer der Hure anhängt, ein Leib mit ihr ist? »Denn es werden«, spricht er, »die zwei ein Fleisch sein.«
V. 17 Wer aber dem Herrn anhängt, ist ein Geist mit ihm.
V. 18 Fliehet die Hurerei! Jede Sünde, die ein Mensch begehen mag, ist außerhalb des Leibes; wer aber hurt, sündigt wider seinen eigenen Leib.
V. 19 Oder wisset ihr nicht, dass euer Leib der Tempel des Heiligen Geistes ist, der in euch wohnt, den ihr von Gott habt, und dass ihr nicht euer selbst seid?
V. 20 Denn ihr seid um einen Preis erkauft worden; verherrlichet nun Gott in eurem Leibe.

Teil III: Christliches Leben

20. Völlige Hingabe

Lesen Sie den Text im Buch und beantworten Sie dabei folgende Fragen:

1. Beschreiben Sie mit Ihren Worten, was Hingabe ist.
2. Warum ist es »logisch«, uns Christus hinzugeben?
3. Was sind Hinderungsgründe für die Hingabe an den Herrn Jesus?
4. Warum kann der Herr Jesus alles von uns verlangen?

> *»Wenn wir sagen, dass wir ihn lieben, und dann doch überlegen, ob wir alles hingeben sollen, wo doch unser ganzer Besitz nur zwei Scherflein wert ist, beleidigen wir damit die Liebe, die alles für uns gegeben hat. Er gab für uns alles, und das umfasst den Himmel, die Erde, die Ewigkeit und sich selbst. Dann ist es besser, gar nicht zu lieben. Dann ist es besser, kalt zu sein als lauwarm.«*

Studieren Sie die Verse, beantworten Sie die Fragen dazu und notieren Sie weitere Erkenntnisse.

5. 2Mo 21,2-6 – Nennen Sie Gründe dafür, warum dieser Knecht ein gutes Vorbild für Hingabe ist. Was motivierte ihn?
6. Lk 9,57-62 – Was haben diese drei Männer falsch gemacht?
7. Suchen Sie ein biblisches Motto, das Ihre Hingabe ausdrückt (wie z. B. Maria: »Was irgend er euch sagen mag, tut« [Joh 2,5])!

Persönliche Fragen:

8. Was sind in Ihrem Leben Hinderungsgründe, sich völlig ihm hinzugeben?
9. Welchen Preis sind Sie bereit zu zahlen, um sich ihm hinzugeben?
10. Welches der Gedichte/Lieder werden Sie zu Ihrem Gebet machen?

> *»Wenn ein Mensch einmal in die Augen Christi geschaut und die Anziehungskraft seiner Lebensart gefühlt hat, wird er sich nie mehr mit den weltlichen Idealen und Standards abfinden, die er für angebracht hielt, bevor er Christus kennenlernte. Christus hat ihn für alles andere untauglich gemacht. Die früheren Wertmaßstäbe sind zu Schutt, Staub und Asche geworden. Gott sei Dank dafür.«*

Praktische Aufgabe:

Auf einer Konferenz in Ben Lippen, North Carolina, gab eine junge Frau Zeugnis von ihrem Ruf in den Dienst. Im Verlauf ihrer Botschaft hielt sie ein leeres Blatt Papier hoch und sagte, dieses Blatt beinhalte Gottes Willen für ihr Leben. Die einzige Schrift darauf war ihre Unterschrift am unteren Rand. Dann sagte sie: »Ich habe zu Gottes Willen Ja gesagt, ohne dass ich wusste, was Gott vorhat, und ich überlasse es ihm, den Rest auszufüllen.«
Was steht auf Ihrem Blatt?

21. Sie können sicher sein – Heilsgewissheit

Lesen Sie den Text im Buch und beantworten Sie dabei folgende Fragen:

1. Wie können wir wissen, dass wir gerettet sind? Was ist dabei unwesentlich?
2. Wie drückt es sich bei einem Geretteten aus, dass er neues Leben aus Gott hat?
3. Erklären Sie, warum Gefühle und Stimmungen nicht ausschlaggebend sind darüber, ob ich Heilsgewissheit habe.
4. Warum ist es Demut, wenn ich bekennen kann, dass ich sicher in den Himmel komme?

Studieren Sie die Verse, beantworten Sie die Fragen dazu und notieren Sie weitere Erkenntnisse.

5. 1Jo 5,13 – Erklären Sie mit Ihren Worten, warum Ihnen dieser Vers Heilsgewissheit gibt.
6. Lk 23,39-43 – Was lehrt Sie diese Geschichte über unser Thema?
7. Joh 5,24 – Was muss der Mensch »glauben«, um die Gewissheit zu haben, dass er ewiges Leben hat? Was beinhaltet dieser Glaube?

Persönliche Fragen:

8. Was tun Sie, wenn immer wieder Zweifel in Bezug auf Ihre Heilsgewissheit auftauchen?
9. Was hat Ihnen die Heilsgewissheit geschenkt? Schreiben Sie es ruhig einmal auf.
10. Finden Sie eine Illustration zu diesem Thema in der Bibel?

Praktische Aufgabe:

Erklären Sie einem jungen Gläubigen in dieser Woche, wie und wodurch Sie Heilsgewissheit erlangt haben.

22. Ewige Errettung – Heilssicherheit

Lesen Sie den Text im Buch und beantworten Sie dabei folgende Fragen:

1. Warum ist das Heil für den Gläubigen sicher? Lesen Sie dazu Joh 10,27-29; 3,16; 3,36; 4,13-14; 5,24; 6,47; 17,3.
2. Inwiefern bürgt der Heilige Geist für unsere Heilssicherheit?
3. Was passiert in unserer Beziehung zu Gott bzw. zum Vater, wenn wir als Christen sündigen?
4. Warum müssen wir besonders bei diesem Thema auf den Zusammenhang achten, in dem die Bibel darüber spricht? Was ist zu unterscheiden?

Studieren Sie die Verse, beantworten Sie die Fragen dazu und notieren Sie weitere Erkenntnisse.

5. Mt 13,24-30 – Was lehrt uns dieses Gleichnis über Heilssicherheit?
6. 1Jo 1,5-2,2 – Warum sind diese Verse so wichtig für unser Thema?
7. Erklären Sie anhand von Hebräer 6,4-8 den Unterschied zwischen Petrus und Judas.

Persönliche Fragen:

8. Bitte erklären Sie den Unterschied zwischen Heilsgewissheit und Heilssicherheit.
9. Wie ist der Umgang mit der Sünde in Ihrem Leben, seitdem Sie sich Ihres Heils sicher sind?
10. Wie können Sie Menschen helfen, die sich ihres Heils nicht sicher sind?

Praktische Aufgabe:

Bitte schreiben Sie Ihre Erklärung auf, warum Ihr Heil sicher ist.

»Ich weiß nicht, dass ich gerettet bin, weil ich mich glücklich fühle, sondern ich fühle mich glücklich, weil ich weiß, dass ich errettet bin.«

23. Lassen Sie sich taufen

Lesen Sie den Text im Buch und beantworten Sie dabei folgende Fragen:

1. Was drücken wir in der Taufe aus?
2. Bitte erklären Sie, warum die Taufe nicht für den Himmel errettet!
3. Wenn jemand sagt, dass er an Gott glaubt, aber sich unbedingt nicht taufen lassen will, was drückt er damit aus?
4. Gibt es für uns einen Heiland, ohne ihn auch als Herrn anzuerkennen? Was hat das mit der Taufe zu tun?

Studieren Sie die Verse, beantworten Sie die Fragen dazu und notieren Sie weitere Erkenntnisse.

5. Röm 6,1-6 – Was lernen Sie hier über die Taufe?
6. 1Petr 3,20-21 – Was sagt Petrus uns über die Taufe?
7. 1Kor 10,1-2 – Was drückt hier die Taufe aus?

Persönliche Fragen:

8. Inwieweit gilt das, was Sie bei Ihrer Taufe ausgedrückt haben, noch heute in Ihrem Leben?
9. Welche Fragen würden Sie demjenigen stellen, der den Wunsch hat, sich taufen zu lassen?

Praktische Aufgabe:

Wie sieht Ihr Leben als Getaufter im Gegensatz zu demjenigen eines Nichtgetauften aus?

24. Das Mahl des Herrn (Lk 22,7-20; 1Kor 11,23-34)

Lesen Sie den Text im Buch und beantworten Sie dabei folgende Fragen:

1. Was drücken wir beim Mahl des Herrn aus?
2. Was bringen wir dem Herrn Jesus bei dem von ihm eingesetzten Mahl mit?
3. Warum ist das wiederholte Erinnern an die Leiden und das Sterben des Herrn Jesus so wichtig für uns?
4. Was meint der Herr Jesus mit »Dieser Kelch ist der neue Bund in meinem Blute«? Was ist mit dem neuen Bund gemeint, was war der alte Bund?

Studieren Sie die Verse, beantworten Sie die Fragen dazu und notieren Sie weitere Erkenntnisse.

5. 1Kor 11,27-30 – Warum hat das Mahl des Herrn einen heiligen Einfluss auf Ihr Leben?
6. Lk 22,7-12 – Wir bereitet der Herr Jesus das Mahl, das er einsetzen will, vor? Wie bereiten Sie sich darauf vor?
7. Apg 20,7 – Was lernen Sie anhand dieses Verses für sich über das Mahl des Herrn?

Persönliche Fragen:

8. Mit welcher Einstellung gehen Sie zum Mahl des Herrn?
9. Wenn Sie an das Mahl des Herrn denken, welches Lied fällt Ihnen dazu ein? Schreiben Sie es auf und singen Sie es!
10. Sie sehen, dass am Sonntag jemand nicht am Mahl des Herrn teilnimmt, der sonst immer isst und trinkt. Wie könnten Sie ihm helfen?

Praktische Aufgabe:

Erklären Sie bitte einer Person, warum für Sie das Mahl des Herrn ein Höhepunkt der Woche ist.

Text: Lukas 22,7-20

V. 7 Es kam aber der Tag der ungesäuerten Brote, an welchem das Passah geschlachtet werden musste.
V. 8 Und er sandte Petrus und Johannes und sprach: Gehet hin und bereitet uns das Passah, auf dass wir es essen.
V. 9 Sie aber sprachen zu ihm: Wo willst du, dass wir es bereiten?
V. 10 Er aber sprach zu ihnen: Siehe, wenn ihr in die Stadt kommet, wird euch ein Mensch begegnen, der einen Krug Wasser trägt; folget ihm in das Haus, wo er hineingeht.
V. 11 Und ihr sollt zu dem Herrn des Hauses sagen: Der Lehrer sagt dir: Wo ist das Gastzimmer, wo ich mit meinen Jüngern das Passah essen mag?
V. 12 Und jener wird euch einen großen, mit Polstern belegten Obersaal zeigen; daselbst bereitet.
V. 13 Als sie aber hingingen, fanden sie es, wie er ihnen gesagt hatte; und sie bereiteten das Passah.
V. 14 Und als die Stunde gekommen war, legte er sich zu Tische, und die zwölf Apostel mit ihm.
V. 15 Und er sprach zu ihnen: Mit Sehnsucht habe ich mich gesehnt, dieses Passah mit euch zu essen, ehe ich leide.
V. 16 Denn ich sage euch, dass ich hinfort nicht mehr davon essen werde, bis es erfüllt sein wird im Reiche Gottes.
V. 17 Und er nahm einen Kelch, dankte und sprach: Nehmet diesen und teilet ihn unter euch.
V. 18 Denn ich sage euch, dass ich nicht von dem Gewächs des Weinstocks trinken werde, bis das Reich Gottes komme.
V. 19 Und er nahm Brot, dankte, brach und gab es ihnen und sprach: Dies ist mein Leib, der für euch gegeben wird; dieses tut zu meinem Gedächtnis!
V. 20 Desgleichen auch den Kelch nach dem Mahle und sagte: Dieser Kelch ist der neue Bund in meinem Blute, das für euch vergossen wird.

Text: 1. Korinther 11,23-34

V. 23 Denn ich habe von dem Herrn empfangen, was ich auch euch überliefert habe, dass der Herr Jesus in der Nacht, in welcher er überliefert wurde, Brot nahm,
V. 24 und als er gedankt hatte, es brach und sprach: Dies ist mein Leib, der für euch ist; dies tut zu meinem Gedächtnis.
V. 25 Desgleichen auch den Kelch nach dem Mahle und sprach: Dieser Kelch ist der neue Bund in meinem Blute; dies tut, sooft ihr trinket, zu meinem Gedächtnis.
V. 26 Denn sooft ihr dieses Brot esset und den Kelch trinket, verkündiget ihr den Tod des Herrn, bis er kommt.
V. 27 Wer also irgend das Brot isst oder den Kelch des Herrn trinkt unwürdiglich, wird des Leibes und Blutes des Herrn schuldig sein.
V. 28 Ein jeder aber prüfe sich selbst, und also esse er von dem Brote und trinke von dem Kelche.
V. 29 Denn wer unwürdiglich isst und trinkt, isst und trinkt sich selbst Gericht, indem er den Leib nicht unterscheidet.
V. 30 Deshalb sind viele unter euch schwach und krank, und ein gut Teil sind entschlafen.
V. 31 Aber wenn wir uns selbst beurteilten, so würden wir nicht gerichtet.
V. 32 Wenn wir aber gerichtet werden, so werden wir vom Herrn gezüchtigt, auf dass wir nicht mit der Welt verurteilt werden.
V. 33 Daher, meine Brüder, wenn ihr zusammenkommet, um zu essen, so wartet aufeinander.
V. 34 Wenn jemand hungert, der esse daheim, auf dass ihr nicht zum Gericht zusammenkommet. Das Übrige aber will ich anordnen, sobald ich komme.

25. Und wie werde ich geführt?

»Unklarheit über den Weg ist Klarheit zum Bleiben.«

Lesen Sie den Text im Buch und beantworten Sie dabei folgende Fragen:

1. Welche Voraussetzungen sind notwendig, damit wir die Führung Gottes erleben können?
2. Welche Punkte sind hilfreich, Gottes Willen zu erkennen?
3. Wie führt Gott? Wie zeigt er uns seinen Willen?
4. Welche Rolle spielen die äußeren Umstände beim Erkennen seiner Führung?

»Wenn wir Führung suchen, sollten wir die Dinge so einrichten, dass die Führung nur vom Herrn kommen kann.«

Studieren Sie die Verse, beantworten Sie die Fragen dazu und notieren Sie weitere Erkenntnisse.

5. 2Mo 40,36 – Was lernen Sie von der Wolkensäule?
6. Ri 6,37-40 – Inwiefern hat Gideon Gewissheit in Bezug auf Gottes Wege bekommen?
7. Ps 37,5; Spr 16,3; Phil 4,6-7 – Wie helfen Ihnen diese Stellen, Gottes Willen zu erkennen?

»Es ist töricht zu handeln, wenn die Friedenstaube dein Herz verlassen hat.«

Persönliche Fragen:

8. Welche Hindernisse können Sie aus dem Weg räumen, damit Gott Ihnen seinen Willen zeigen kann?
9. Was machen Sie, wenn Sie verschiedene Wege gehen können? Wie erkennen Sie dann, was Gottes Wille ist?
10. Gott möchte, dass wir ihm vertrauen. Was bedeutet das für Sie bei konkreten Weichenstellungen im Leben?

Praktische Aufgabe:

»Sein Wille ist gut und annehmbar und vollkommen.«

Schreiben Sie eine Begebenheit auf, in der Sie konkret Gottes Führung erlebt haben!

26. Die Bibel kennen

Lesen Sie den Text im Buch und beantworten Sie dabei folgende Fragen:

1. Was bedeutet es (für Sie), dass die Bibel inspiriert ist?
2. Wie sollen wir mit der Bibel umgehen?
3. Warum ist das »Argument der Kultur« nicht stichhaltig?
4. Warum sollten wir viel Zeit mit der Bibel verbringen?

Studieren Sie die Verse, beantworten Sie die Fragen dazu und notieren Sie weitere Erkenntnisse.

5. Ps 119 – Nenne wenigstens 20 gute Dinge im Blick auf die Bibel.
6. Apg 17,11 – Was ist nachahmenswert an diesen Geschwistern? Warum?
7. Joh 8,31-32 – Woran wird ein Jünger Jesu erkannt? Wie wollen Sie das umsetzen?

Persönliche Fragen:

8. Wie sieht Ihr Plan aus, die Bibel durchzustudieren?
9. Warum ist es gut, Bibelverse regelmäßig auswendig zu lernen?
10. Predige das Wort – wie tun Sie das?

Praktische Aufgabe:

Fangen Sie heute an, Bibelverse auswendig zu lernen. Beginnen Sie außerdem heute damit, wenigstens täglich über einen Abschnitt der Schrift gründlich nachzudenken. Benutzen Sie dazu ein Notizbuch und Buntstifte. Die Bibel soll unser Arbeitsbuch sein.

Zum Auswendiglernen

60 Pfeile für den Köcher eines Evangelisten

Denn also hat Gott die Welt geliebt, dass er seinen eingeborenen Sohn gab, auf dass jeder, der an ihn glaubt, nicht verlorengehe, sondern ewiges Leben habe. (Joh 3,16)

1. Gott will retten
   a) So wahr ich lebe, spricht der Herr, Jahwe, ich habe kein Gefallen am Tode des Gesetzlosen, sondern dass der Gesetzlose von seinem Wege umkehre und lebe! (Hes 33,11)
   b) Wendet euch zu mir und werdet gerettet, alle ihr Enden der Erde! Denn ich bin Gott, und keiner sonst. (Jes 45,22)
   c) … unser Heiland-Gott, welcher will, dass alle Menschen errettet werden und zur Erkenntnis der Wahrheit kommen. (1Tim 2,3-4)

2. Warum braucht der Mensch Rettung
   a) weil Gott heilig (rein, sündlos) und gerecht ist
      - Der König der Könige und Herr der Herren, der allein Unsterblichkeit hat, der ein unzugängliches Licht bewohnt, den keiner der Menschen gesehen hat noch sehen kann. (1Tim 6,15-16)
      - Du vermagst nicht mein Angesicht zu sehen, denn nicht kann ein Mensch mich sehen und leben. (2Mo 33,20)
      - Und einer[3] rief dem anderen zu und sprach: Heilig, heilig, heilig ist Jahwe der Heerscharen, die ganze Erde ist voll seiner Herrlichkeit! (Jes 6,3)
   b) weil der Mensch ein Sünder und Feind Gottes ist, getrennt von Gottes Heiligkeit und verurteilt durch Gottes Gerechtigkeit
      - Und Jahwe sah, dass des Menschen Bosheit groß war auf Erden, und alles Gebilde der Gedanken seines Herzens nur böse den ganzen Tag. (1Mo 6,5)

3 D. h. einer der Seraphinen.

- Arglistig ist das Herz, mehr als alles und verderbt ist es; wer mag es kennen? (Jer 17,9)
- Siehe, sogar der Mond scheint nicht hell, und die Sterne sind nicht rein in seinen Augen: wie viel weniger der Mensch, der Wurm, und das Menschenkind, die Made! (Hi 25,5-6)
- Da ist kein Gerechter, auch nicht einer; da ist keiner, der verständig sei; da ist keiner, der Gott suche. Alle sind abgewichen, sie sind allesamt untauglich geworden; da ist keiner, der Gutes tue, da ist auch nicht einer. (Röm 3,10-12)
- Die Gesinnung des Fleisches[4] (ist) Feindschaft … gegen Gott, denn sie ist dem Gesetz Gottes nicht untertan, denn sie vermag es auch nicht. (Röm 8,7)
- Ihr (waret) tot … in euren Vergehungen und Sünden. (Eph 2,1)

c) weil Gottes Maßstab für Gemeinschaft moralische Vollkommenheit ist
   - Denn ich bin Jahwe, euer Gott; so heiliget euch und seid heilig, denn ich bin heilig. (3Mo 11,44)
   - Du sollst nicht begehren deines Nächsten Haus; du sollst nicht begehren deines Nächsten Frau, noch seinen Knecht, noch seine Magd, noch sein Rind, noch seinen Esel, noch alles, was dein Nächster hat. (2Mo 20,17)
   - Ich aber sage euch, dass jeder, der eine Frau ansieht, ihrer zu begehren, schon Ehebruch mit ihr begangen hat in seinem Herzen. (Mt 5,28)
   - Ich aber sage euch, dass jeder, der seinem Bruder ohne Grund zürnt, dem Gericht verfallen sein wird … wer aber irgend sagt: Du Narr!, (der wird) der Hölle des Feuers verfallen sein. (Mt 5,22)
   - Denn wer irgend das ganze Gesetz halten, aber in einem straucheln wird, ist aller Gebote schuldig geworden. (Jak 2,10)
   - Ihr nun sollt vollkommen sein, wie euer himmlischer Vater vollkommen ist. (Mt 5,48)

4 D. h. der Eigenwille des Menschen.

3. Wodurch wird der Mensch errettet
   a) durch das Werk vom Kreuz
      – … dass Christus für unsere Sünden gestorben ist, nach den Schriften; und dass er begraben wurde, und dass er auferweckt worden ist am dritten Tage. (1Kor 15,3-4)
      – Christus hat uns losgekauft von dem Fluche des Gesetzes, indem er ein Fluch für uns geworden ist; (denn es steht geschrieben: »Verflucht ist jeder, der am Holze hängt!«) (Gal 3,13)
      – Den, der Sünde nicht kannte, hat er[5] für uns zur Sünde gemacht, auf dass wir Gottes Gerechtigkeit würden in ihm. (2Kor 5,21)
      – … indem ihr wisset, dass ihr nicht mit verweslichen Dingen, mit Silber oder Gold, erlöst worden seid von eurem eitlen, von den Vätern überlieferten Wandel, sondern mit dem kostbaren Blute Christi, als eines Lammes ohne Fehl und ohne Flecken. (1Petr 1,18-19)
   b) durch die Zeugen: Heiliger Geist, Wort Gottes, menschliche Verkündigung
      – Und wenn er[6] gekommen ist, wird er die Welt überführen von Sünde und von Gerechtigkeit und von Gericht. (Joh 16,8)
      – Jesus antwortete: Wahrlich, wahrlich, ich sage dir: Es sei denn, dass jemand aus Wasser und Geist geboren werde, so kann er nicht in das Reich Gottes eingehen. (Joh 3,5)
      – Und wir sind seine Zeugen von diesen Dingen, aber auch der Heilige Geist, welchen Gott denen gegeben hat, die ihm gehorchen. (Apg 5,32)
      – Also ist der Glaube aus der Verkündigung, die Verkündigung aber durch Gottes Wort. (Röm 10,17)
   c) durch Buße und Glauben
      – Jesus … predigte das Evangelium des Reiches Gottes und sprach: Die Zeit ist erfüllt, und das Reich Gottes ist

5 D. h. Gott.
6 D. h. der in V. 7 erwähnte Sachwalter, womit der Heilige Geist gemeint ist.

nahe gekommen. Tut Buße und glaubet an das Evangelium. (Mk 1,14-15)

- Nachdem nun Gott die Zeiten der Unwissenheit übersehen hat, gebietet er jetzt den Menschen, dass sie alle allenthalben Buße tun sollen. (Apg 17,30)
- Denn dies ist der Wille meines Vaters, dass jeder, der den Sohn sieht und an ihn glaubt, ewiges Leben habe; und ich werde ihn auferwecken am letzten Tage. (Joh 6,40)

d) durch Gnade, nicht durch Werke

- Denn es ist kein Unterschied, denn alle haben gesündigt und erreichen nicht die Herrlichkeit Gottes, und werden umsonst gerechtfertigt durch seine Gnade, durch die Erlösung, die in Christo Jesu ist. (Röm 3,23-24)
- Denn durch die Gnade seid ihr errettet, mittelst des Glaubens, und das nicht aus euch, Gottes Gabe ist es; nicht aus Werken, auf dass niemand sich rühme. (Eph 2,8-9)
- Als aber die Güte und die Menschenliebe unseres Heiland-Gottes erschien, errettete er uns, nicht aus Werken, die, in Gerechtigkeit vollbracht, wir getan hatten, sondern nach seiner Barmherzigkeit … auf dass wir, gerechtfertigt durch seine Gnade, Erben würden nach der Hoffnung des ewigen Lebens. (Tit 3,4-7)

4. Das Ziel der Errettung

a) das ewige Ziel: Gemeinschaft und Herrschaft

- Vater, ich will, dass die, welche du mir gegeben hast, auch bei mir seien, wo ich bin, auf dass sie meine Herrlichkeit schauen, die du mir gegeben hast, denn du hast mich geliebt vor Grundlegung der Welt. (Joh 17,24)
- Und sie singen ein neues Lied: Du bist würdig, das Buch zu nehmen und seine Siegel zu öffnen; denn du bist geschlachtet worden und hast für Gott erkauft, durch dein Blut, aus jedem Stamm und Sprache und Volk und Nation, und hast sie unserem Gott zu Köni-

gen und Priestern gemacht, und sie werden über die Erde herrschen! (Offb 5,9-10)

- Und ich sah die heilige Stadt, das neue Jerusalem, aus dem Himmel herniederkommen von Gott, bereitet wie eine für ihren Mann geschmückte Braut. Und ich hörte eine laute Stimme aus dem Himmel sagen: Siehe, die Hütte Gottes bei den Menschen! Und er wird bei ihnen wohnen, und sie werden sein Volk sein, und Gott selbst wird bei ihnen sein, ihr Gott. (Offb 21,2-3)

b) das zeitliche (irdische) Ziel: Heiligung und Dienst
   - Ihr (habt) euch von den Götzenbildern zu Gott bekehrt … , dem lebendigen und wahren Gott zu dienen und seinen Sohn aus den Himmeln zu erwarten. (1Thes 1,9-10)
   - Denn die Gnade Gottes ist erschienen, heilbringend für alle Menschen, und unterweist uns, auf dass wir, die Gottlosigkeit und die weltlichen Lüste verleugnend, besonnen und gerecht und gottselig leben in dem jetzigen Zeitlauf. (Tit 2,12)
   - Denn wir sind sein[7] Werk, geschaffen in Christo Jesu zu guten Werken, welche Gott zuvor bereitet hat, auf dass wir in ihnen wandeln sollen. (Eph 2,10)

5. Die ewige Sicherheit der Gläubigen
   a) Wahrlich, wahrlich, ich sage euch: Wer mein Wort hört und glaubt dem, der mich gesandt hat, hat ewiges Leben und kommt nicht ins Gericht, sondern er ist aus dem Tode in das Leben übergegangen. (Joh 5,24)
   b) Meine Schafe hören meine Stimme, und ich kenne sie, und sie folgen mir; und ich gebe ihnen ewiges Leben, und sie gehen nicht verloren ewiglich, und niemand wird sie aus meiner Hand rauben. Mein Vater, der sie mir gegeben hat, ist größer als alles, und niemand kann sie aus der Hand meines Vaters rauben. (Joh 10,27-29)

7 D. h. Gottes.

c) Denn ich bin überzeugt, dass weder Tod noch Leben, weder Engel noch Fürstentümer, weder Gegenwärtiges noch Zukünftiges, noch Gewalten, weder Höhe noch Tiefe, noch irgendein anderes Geschöpf uns zu scheiden vermögen wird von der Liebe Gottes, die in Christo Jesu ist, unserem Herrn. (Röm 8,38-39)

6. Das Ende der Ungläubigen
   a) Und wenn jemand nicht geschrieben gefunden wurde in dem Buche des Lebens, so wurde er in den Feuersee geworfen. (Offb 20,15)
   b) Wenn aber deine Hand oder dein Fuß dich ärgert, so haue ihn ab und wirf ihn von dir. Es ist dir besser, lahm oder als Krüppel in das Leben einzugehen, als mit zwei Händen oder mit zwei Füßen in das ewige Feuer geworfen zu werden. Und wenn dein Auge dich ärgert, so reiß es aus und wirf es von dir. Es ist dir besser, einäugig in das Leben einzugehen, als mit zwei Augen in die Hölle des Feuers geworfen zu werden. (Mt 18,8-9)
   c) Als aber der König hereinkam, die Gäste zu besehen, sah er daselbst einen Menschen, der nicht mit einem Hochzeitskleide bekleidet war. Und er spricht zu ihm: Freund, wie bist du hier hereingekommen, da du kein Hochzeitskleid anhast? Er aber verstummte. Da sprach der König zu den Dienern: Bindet ihm Füße und Hände, nehmet ihn und werfet ihn hinaus in die äußere Finsternis: Da wird sein das Weinen und das Zähneknirschen. (Mt 22,11-13)

7. Haltung und Empfindungen eines Evangelisten
   a) Deswegen erdulde ich alles um der Auserwählten willen, auf dass auch sie die Seligkeit erlangen, die in Christo Jesu ist, mit ewiger Herrlichkeit. (2Tim 2,10)
   b) Und als er sich näherte und die Stadt sah, weinte er über sie und sprach: Wenn auch du erkannt hättest, und selbst an diesem deinem Tage, was zu deinem Frieden dient! (Lk 19,41-42)

c) Und der Herr sprach zu dem Knechte: Geh hinaus auf die Wege und an die Zäune und nötige sie hereinzukommen, auf dass mein Haus voll werde. (Lk 14,23)
d) Ich sage euch: Also wird Freude im Himmel sein über einen Sünder, der Buße tut, mehr als über neunundneunzig Gerechte, welche der Buße nicht bedürfen. (Lk 15,7)

27. Bibelstudium, um bewährt zu sein

Lesen Sie den Text im Buch und beantworten Sie dabei folgende Fragen:

1. Was ist die Motivation, die Bibel zu studieren?
2. Wie sollten wir die Bibel studieren?
3. Warum ist beim Bibelstudium weniger meist mehr?
4. Welche Hilfsmittel sollten wir gebrauchen?

Studieren Sie die Verse, beantworten Sie die Fragen dazu und notieren Sie weitere Erkenntnisse.

5. Spr 2,1-6 – Was lernen Sie hier über das Bibelstudium?
6. Ps 119,15.23.27.48.78.97.99.148 – Welchen Aspekt des Bibelstudiums betonen diese Verse?
7. Neh 8,1-8 – Wodurch zeichnen sich gute Bibellehrer aus?

Warum die Bibel überhaupt studieren?	
Überzeugungen bekommen	2Tim 3,14ff.
Tun und danach handeln	Jos 1,8
Um das Wort weiterzugeben	Esr 7,10; 2Tim 2,2
Um den Willen Gottes für mein Leben zu erfahren	Ps 36,10
Um Gott kennenzulernen und zu erkennen	Joh 5,39
Gottes Ratschluss zu erfassen	Apg 20,27
Jesus vertrauen	Joh 20,31
Beute	Spr 2,3ff.; Ps 119,162
Nützlich (zur Veränderung)	2Tim 3,16-17
Trost, Ermutigung usw.	Ps 138,3
Sich erkennen	Jak 1,23-25
Weisheit erlangen	Spr 1,3
Es ist ein Befehl	Kol 3,16; 2Tim 2,15; Ps 1,2

Persönliche Fragen:

8. Warum ist Bibelstudium für Sie herausfordernd?
9. Bibelstudium ist 80 % Transpiration (Schwitzen) und 20 % Inspiration (der Heilige Geist legt aus). Stimmt das? Warum (nicht)?

10. Was hindert Sie daran, regelmäßig den Schatz des Wortes Gottes zu heben?

Praktische Aufgabe:

Lesen Sie Hebräer 4,12-13. Gehen Sie dann beim Studium eines Bibelabschnitts nach folgendem Schema vor:
Beobachtung: Was sagt der Text?
Auslegung: Was bedeutet der Text?
Anwendung: Was sind die Konsequenzen für mich?
Diese 6 W-Fragen können Ihnen helfen: Wer? Was? Wann? Wo? Warum? Wie?

28. Haltet an im Gebet

> *»Wenn ich bete, passiert etwas. Wenn ich nicht bete, dann nicht.«*

Lesen Sie den Text im Buch und beantworten Sie dabei folgende Fragen:

1. Welchen Stellenwert gibt die Bibel dem Gebet?
2. »Ich bin diese Leute leid, die kommen und mich um eine Goldmünze bitten. Dieser unverfrorene Bettler hat mich wie einen König behandelt; er hat Großes erbeten.« Worum könnten Sie heute beten?
3. Was ist Gott wichtig, wenn wir beten?
4. Was drückt unser Gebet alles aus?

> *»Es sind die ernsten Gebete, die zum Thron Gottes hinauffliegen.«*

Studieren Sie die Verse, beantworten Sie die Fragen dazu und notieren Sie weitere Erkenntnisse.

5. Jak 4,2; 5,16 – Welchen Einfluss auf Gottes Handeln haben unsere Gebete?
6. Offb 8,1-4 – Was lernen Sie hier hinsichtlich des Gebets?
7. Ps 109,4; Lk 22,44 – Wie hat der Herr Jesus gebetet? Was sollten Sie hier von ihm lernen?

Persönliche Fragen:

8. Woran liegt es, dass Ihr Gebetsleben manchmal so wenig Tiefgang hat?
9. Welche Gebetserhörungen haben Sie in dieser Woche erlebt?
10. Was müssen Sie tun, dass Sie täglich feste Gebetszeiten haben?

> *»Gott tut selten, vielleicht nie, etwas,*
> *das keine Antwort auf Gebet ist.«*

»Das Gebet ist immer die Einleitung zum Segen.«

Praktische Aufgabe:

Legen Sie heute eine Gebetsliste an, auf der alle Namen stehen, für die Sie beten möchten. Darauf sollten auch die Werke aufgeführt sein, die Ihnen am Herzen liegen, und sich die Namen jener Ungläubigen befinden, deren Errettung Sie ersehnen. Fangen Sie dann an zu beten!

Beten lernt man durch BETEN!

»Ich messe meine Wirksamkeit an der Anzahl der Menschen, für die ich bete und die für mich beten.«

29. Die tägliche Zeit mit Jesus

Lesen Sie den Text im Buch und beantworten Sie dabei folgende Fragen:

1. Warum ist die Stille Zeit täglich wichtig?
2. Was ist der Schwerpunkt der täglichen Stillen Zeit (z. B. im Unterschied zum Bibelstudium)?
3. Was ist eine hilfreiche Methode, sie täglich einzuhalten?
4. Die Stille Zeit mit Gott ist »absolut lebenswichtig für ein Leben anhaltender Geistlichkeit, Wirksamkeit und Liebe«. Warum stimmt das?

Studieren Sie die Verse, beantworten Sie die Fragen dazu und notieren Sie weitere Erkenntnisse.

5. Röm 10,17; Offb 1,3; Apg 17,11; Ps 119,11; Ps 1,2-3 – Welche Tätigkeiten sollten Sie in der Stillen Zeit üben?
6. Mk 1,35 – Warum tut der Herr Jesus das? Wieso um diese Zeit? Wenn er der Meister ist, was sollten seine Schüler tun?
7. Jes 50,4-7 – Worin ist der Herr Jesus Ihnen in dieser Stelle ein Vorbild?

Persönliche Fragen:

8. Was müssen Sie tun, um täglich Stille Zeit zu haben?
9. Wie effektiv ist Ihre Stille Zeit? Was könnten Sie verbessern?
10. Wie könnten Sie jemanden anleiten, täglich Zeit mit Jesus zu verbringen?

Praktische Aufgabe:

Benutzen Sie in Ihrer Stillen Zeit ein Notizbuch und schreiben Sie täglich auf, was Sie entdeckt haben. Beten Sie anschließend und handeln Sie dementsprechend.

BETEN SIE

➔ Bitten Sie den Herrn, dass er Ihnen hilft, den Bibeltext zu verstehen und konkret auf Ihr Leben anzuwenden.

LESEN SIE

➔ Lesen Sie in Ihrer Bibel nicht mehr als einen Sinnabschnitt.

DENKEN SIE

❶ Was haben Sie über den Herrn Jesus bzw. Gott gelesen?
Wie ist ER, und was ist ER?

❷ Gibt es ein Beispiel, das ich nachahmen kann, oder besser nicht?

❸ Steht im Text ein Befehl, eine Warnung bzw. Verheißung?

❹ Welcher Vers oder Gedanke aus dem Text ist Ihnen am wichtigsten geworden?
Was spricht in Ihre Situation?

❺ Schreiben Sie alles in Ihr Notizheft, auch Verse, die Sie sich besonders merken wollen!

BETEN SIE

➔ Antworten Sie Gott durch Dank und Anbetung, durch Bitten für sich und Fürbitte für andere Menschen.

HANDELN SIE

➔ Tun Sie nach dem, was Sie gelernt haben.
Nur Gehorsam lässt Sie wachsen!

➔ Leben Sie in Reinheit.
Bekennen Sie Ihre Sünde und lassen Sie diese!

30. Ein Anbeter werden

Lesen Sie den Text im Buch und beantworten Sie dabei folgende Fragen:

1. Erklären Sie, warum Anbetung das Herzstück im Dienst jedes Gläubigen bilden sollte!
2. Was ist Anbetung? Welche Inhalte hat sie?
3. Wie können wir unsere Anbetung beleben?
4. Nennen Sie Gründe dafür, warum wir eigentlich viel mehr Anlässe zur Anbetung Gottes haben als die Gläubigen des Alten Testaments.

Studieren Sie die Verse, beantworten Sie die Fragen dazu und notieren Sie weitere Erkenntnisse.

5. Ps 150 – Wer alles soll in diesem Psalm Gott anbeten?
6. Joh 4,1-26 – Was machte diese große Sünderin zu einer Anbeterin?
7. Mk 14,3-9 – Was hat den Herrn Jesus an dieser Frau so besonders beeindruckt?

Persönliche Fragen:

8. Wie bereiten Sie sich auf die Stunde des Brotbrechens vor, damit Sie auch dort dem Herrn die ihm gebührende Anbetung bringen können?
9. Das »Vaterunser« fängt mit Anbetung an. Wie sieht Ihr Gebetsleben aus?
10. Welche neuen Gründe haben Sie in dieser Woche gefunden, den Herrn anzubeten?

»Sie hätten den Kopf bei dem Gedanken geschüttelt, dass der Abglanz von Gottes Herrlichkeit und der Abdruck seines Wesens, durch den er auch die Welten gemacht hat und der alle Dinge durch das Wort seiner Macht trägt, dort an einem Kreuz die Strafe für die Sünden der Menschheit tragen würde« (vgl. Hebr 1,1-3).

Praktische Aufgabe:

Fangen Sie heute an, jedes Ihrer Gebete mit einer Anbetung zu beginnen.

Sehen werden sie die Herrlichkeit des Herrn, die Pracht unseres Gottes
Die Bibel sagt …
Er ist der König der Juden …
Er ist der König Israels …
Er ist der König der Gerechtigkeit …
Er ist der König der Zeitalter …
Er ist der König des Himmels …
Er ist der König der Herrlichkeit …
Er ist der König der Könige
und der Herr der Herren.
Das ist mein Gott! …
David sagt:
»Die Himmel erzählen die Herrlichkeit Gottes,
und die Ausdehnung verkündet seiner Hände Werk.«[8] …
Kein Maß kann seine grenzenlose Liebe ausdrücken;
nicht einmal das beste Fernrohr kann die Grenze
seiner unendlichen Versorgung sichtbar machen.
Keine Schranke kann ihn daran hindern,
seine Segnungen auszuschütten.
Er ist immer stark …
Er ist völlig ehrlich …
Er ist ewig beständig …
Er ist unvergänglich gnädig …
Er ist absolut mächtig …
Er ist unvoreingenommen barmherzig …
Das ist mein Gott! …
Er ist Gottes Sohn …
er ist der Retter der Sünder …
Er ist der Ursprung des Lebens …
Er ruht in sich selbst …
Er ist voller Majestät und Hoheit …
Er ist einzigartig …
Er ist unvergleichlich …
Er ist unübertroffen …
Er ist alles in allem …
Er ist überragend …
Er ist erhaben über alle literarischen Werke …
Er ist unzugänglich für die Vernunftschlüsse der Philosophie …
Er ist unbeeindruckt von den Argumentationen der Kritiker …
Er ist das Fundament der wahren Theologie …

---

8 Vgl. Psalm 19,1. Anmerkung des Herausgebers: Es ist zu beachten, dass die Verszählung der unrevidierten Elberfelder Bibel in manchen Psalmen gegenüber der revidierten Ausgabe und den meisten anderen deutschen Bibeln (in der Regel) um eine Ziffer verschoben ist.

Er ist die größte Notwendigkeit im Glauben …
Das ist mein Gott! …
Er ist das Wunder aller Zeiten …
Er ist das Beste alles Guten …
Er gibt dem Schwachen Kraft …
Er ist da für die Versuchten und Geprüften …
Er hat Mitgefühl und errettet …
Er schützt und leitet …
Er heilt die Kranken …
Er reinigt die Aussätzigen …
Er vergibt den Sündern …
Er rechtfertigt die Schuldigen …
Er befreit die Gefangenen …
Er verteidigt die Schwachen …
Er segnet die Kinder …
Er ist nahe den Zerbrochenen …
Er trägt die Alten …
Er belohnt die Suchenden
und preist glückselig die Sanftmütigen.
Mein Gott …
Er ist der Schlüssel der Erkenntnis …
Er ist die Quelle aller Weisheit …
Er ist die Tür zur Befreiung …
Er ist der Pfad des Friedens …
Er ist die Straße der Gerechtigkeit …
Er ist der Weg hin zur Heiligkeit …
Er ist das Tor zur Herrlichkeit …
Er ist der Herr der Mächtigen …
Er ist der Gebieter der Helden …
Er ist der Führer der Fürsten …
Er ist die Kraft der Überwinder …
Er ist der Regent der Regenten …
Er ist der Oberste aller Majestäten …
Er ist der König der Könige …
Er ist der Herr der Herren …
Das ist mein Gott! …
Seine Herrschaft ist mannigfaltig …
Seine Verheißungen sind sicher …
Sein Licht ist unvergleichlich …
Seine Güte ist grenzenlos …
Seine Barmherzigkeit hat ewig Bestand …
Seine Liebe ändert sich nie …
Sein Wort genügt …

Seine Gnade reicht aus …
Seine Herrschaft ist gerecht …
Sein Joch ist sanft …
… und seine Last ist leicht.
Ich wünschte, ich könnte ihn euch beschreiben …
Er ist unbeschreiblich …
Er ist unbesiegbar …
Er ist unwiderstehlich …
Die Himmel der Himmel können ihn nicht fassen …
Niemand kann ihn beschreiben …
Du kannst ihn dir nicht wegdenken …
Du kannst ihn nicht abschütteln …
Du kannst ihn nicht überleben …
Du kannst nicht ohne ihn leben …
Die Pharisäer konnten ihn nicht leiden …
Sie konnten ihn aber auch nicht aufhalten …
Die falschen Zeugen konnten keine übereinstimmenden Anklagen vorbringen …
Pilatus konnte keine Schuld an ihm finden …
Herodes konnte ihn nicht töten …
Der Tod konnte ihn nicht besiegen …
Das Grab konnte ihn nicht halten …
Das ist mein Gott! …
Er war immer …
… und er wird immer sein.
Er hat keinen Vorgänger …
… und wird keinen Nachfolger haben.
Da war niemand vor ihm …
… und es wird auch keiner nach ihm sein.
Du kannst ihn nicht anklagen …
… und er wird auch nicht aufgeben.
Das ist mein Gott! …
Dein ist das Reich …
… und die Macht …
… und die Herrlichkeit …
… für immer …
… und ewig …
… ja, bis in die Zeitalter der Zeitalter.
Amen.[9]

9 Das englischsprachige Original ist online abrufbar unter http://www.bible-commentaries.com/source/audio/myking.htm.

31. Lieben Sie die Gemeinde (Versammlung)

Lesen Sie den Text im Buch und beantworten Sie dabei folgende Fragen:

1. Welche Bibelstellen beschreiben den Wert der Gemeinde für Gott? Warum ist sie ihm so wertvoll?

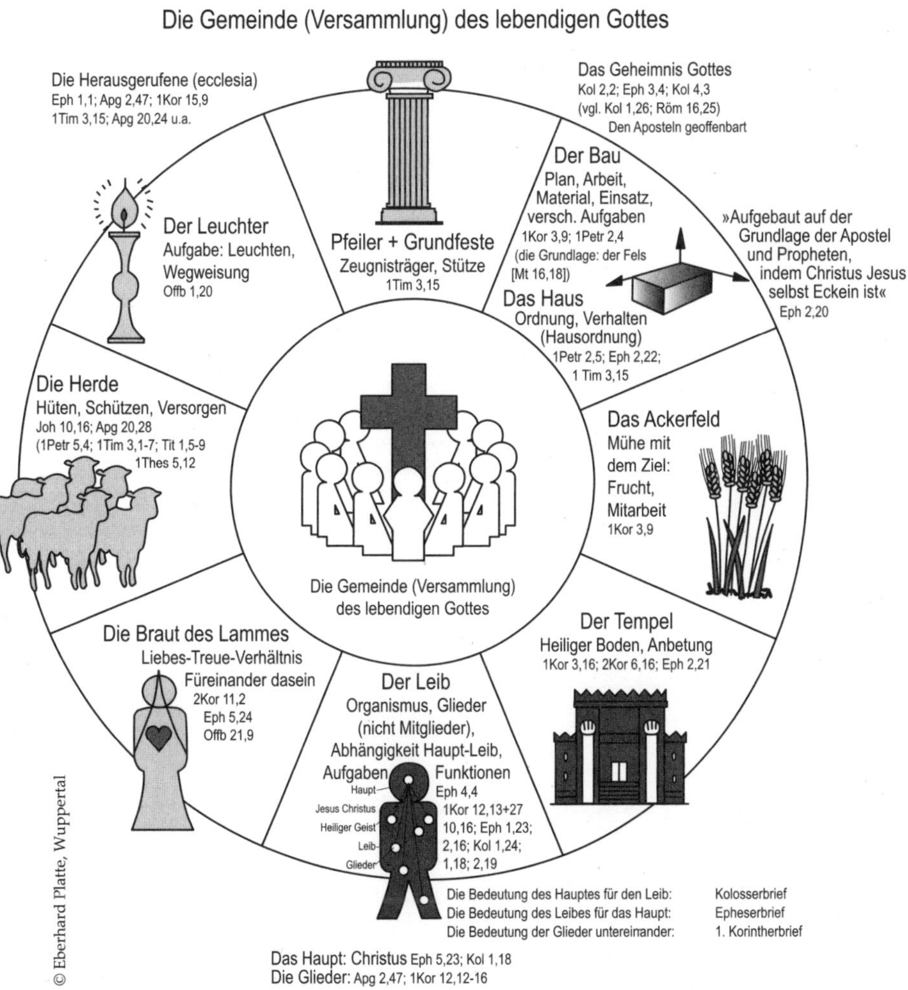

2. Wie äußert es sich, dass Christus das Haupt und der Mittelpunkt der Gemeinde ist?
3. Wie begründen Sie, dass alle Gläubigen Priester sind (entgegen der Vorstellung von einer offiziell eingesetzten Klasse)?
4. Welche Gefahren birgt ein klerikales System?

Studieren Sie die Verse, beantworten Sie die Fragen dazu und notieren Sie weitere Erkenntnisse.

5. Eph 3,8-9 – Beschreiben Sie den zweifachen Dienst des Apostels. In welchem Dienst müssen Sie noch wachsen?
6. 1Petr 2,4.9 – Beschreiben Sie unser zweifaches Priestertum. Warum gehören die beiden Aspekte zusammen?
7. Phil 1,1; Apg 2,42 – Was lernen Sie in diesen Stellen über das »allgemeine Priestertum«?

Persönliche Fragen:

8. Wie äußert es sich bei Ihnen, dass Sie die Gemeinde lieben?
9. Wie bringen Sie sich in Ihre Gemeinde mit Ihren Gaben ein?
10. Wie sieht Ihr Priesterdienst aus?

Praktische Aufgabe:

Überlegen Sie, was Sie in dieser Woche tun können, um Geschwister Ihrer Gemeinde aufzuerbauen. Tun Sie es dann!

32. Achten Sie die Höflichkeitsregeln

Lesen Sie den Text im Buch und beantworten Sie dabei folgende Fragen:

1. Wie sollte allgemein unser Verhalten sein?
2. Was drücken wir aus, wenn wir höflich gegenüber unserem Nächsten sind?
3. Wie können wir in unserer Sprache und in unserem Reden zeigen, dass wir Königskinder sind?
4. Wovon zeugen all diese Regeln des Anstands?

Studieren Sie die Verse, beantworten Sie die Fragen dazu und notieren Sie weitere Erkenntnisse.

5. Apg 20,35 – Warum ist diese Maxime für ein ehrbares Miteinander so wichtig?
6. Mt 7,12 – Wie beeinflusst dieser Vers Ihr Verhalten anderen gegenüber?
7. Eph 4,29; Phil 4,8 – Schreiben Sie zu beiden Versen die guten und schlechten Worte auf.

Persönliche Fragen:

8. Stellen Sie sich vor, der Herr Jesus wäre heute Abend Ihr Gast. Wie würden Sie ihn behandeln?
9. Was steht Ihnen im Weg, um diese Höflichkeitsregeln zu befolgen?
10. Was müssen Sie noch tun, um ein Gastgeber zu sein, bei dem die Besucher sich wirklich heimisch fühlen?

Praktische Aufgabe:

Üben Sie in dieser Woche, nur das zu reden, was nützlich ist und der Erbauung dient. Seien Sie dabei so natürlich wie möglich.

33. Seien Sie nicht leichtgläubig

Lesen Sie den Text im Buch und beantworten Sie dabei folgende Fragen:

1. Zwischen welchen Dingen müssen wir lernen zu unterscheiden?
2. Warum ist es so wichtig, die klare Trennlinie z. B. zwischen heilig und unheilig zu kennen?
3. Welche Hilfsmittel sind unerlässlich, um zwischen gut und schlecht richtig unterscheiden zu können?
4. Befürworter der ökumenischen Bewegung sagen: »Lehre trennt, Zusammenarbeit vereint.« Wie widerlegen Sie das?

Studieren Sie die Verse, beantworten Sie die Fragen dazu und notieren Sie weitere Erkenntnisse.

5. 1Jo 4,1 – Warum ist es so wichtig, zu unterscheiden?
6. 1Kor 2,14 – Nach welchen Kriterien wird hier unterschieden/beurteilt? Welche Maßstäbe legt man dafür an?
7. 2Kor 11,13-15 – Welche Mittel benutzt der Teufel, uns zu täuschen und unsere Leichtgläubigkeit auszunutzen?

Persönliche Fragen:

8. »Prüft alles«, und: »Richtet nicht.« Wie bekommen Sie diese beiden Anweisungen unter einen Hut?
9. Wie ist für Sie die Trennlinie zwischen gut und böse, richtig und falsch, heilig und unheilig? Warum fällt uns Eindeutigkeit so schwer?
10. Was müssen Sie tun, um gut und kritisch hinterfragen zu können?

Praktische Aufgabe:

»Wir brauchen ein gutes Urteilsvermögen, um Zeichen und Wunder richtig einzuschätzen, die angeblich passieren. Stimmen die Lehren mit der Bibel überein?«
So wird im Buch gefragt. Geben Sie eine ausführliche Antwort.

34. Geben Sie niemals auf

Lesen Sie den Text im Buch und beantworten Sie dabei folgende Fragen:

1. Schreiben Sie Ihre Definition des Ausharrens auf und veranschaulichen Sie diese!
2. Was sind Gründe dafür, warum Menschen aufgeben?
3. Beschreiben Sie drei Personen in der Bibel, die ausgeharrt haben!
4. Versuchen Sie, den Unterschied zwischen Geduld und Ausharren zu definieren!

Studieren Sie die Verse, beantworten Sie die Fragen dazu und notieren Sie weitere Erkenntnisse.

5. Hebr 12,1-6 – Wie werden wir hier ermutigt, nicht aufzugeben?
6. 2Thes 3,5 – Erklären Sie das Ausharren des Christus!
7. Jak 5,17-18 – Wie hilft Ihnen dieser Abschnitt, durchzuhalten?

Persönliche Fragen:

8. In welchen Lebensbereichen neigen Sie dazu, aufzugeben? Was könnte Ihnen helfen, weiterzumachen?
9. Welche Motivation benötigen wir, nicht aufzugeben?
10. Mit welchen Bibelstellen könnten Sie andere ermutigen, durchzuhalten? Nennen Sie wenigstens fünf!

Praktische Aufgabe:

Sie kennen jemanden in Ihrem Bekanntenkreis, der aufgeben will? Dann gehen Sie hin und beten Sie mit ihm!

Den Pflug halt ich in zitternd schwacher Hand.
Vor mir ist nichts als unbebautes Land,
Nur Wildnis rings und leere Einsamkeit,
Und dürre Wüste seh ich weit und breit.
Wenn ich auch wein, ich halt die Griffe noch,
Der Rost verdarb die Schar – und doch, und doch
Will ich hier nie vom Acker geh'n.
Mein Gott, bewahre mich vorm Rückwärtsseh'n!

35. Ein waches Gewissen

Lesen Sie den Text im Buch und beantworten Sie dabei folgende Fragen:

1. Wie können wir unser Gewissen zum Schweigen bringen?
2. Wie können wir unser Gewissen schärfen?
3. In welcher Reihenfolge würden Sie das Folgende ordnen: Profit, Produkte, Menschen, Prinzipien? Warum?
4. Was ist der Preis und der Lohn für ein reines Gewissen?

Studieren Sie die Verse, beantworten Sie die Fragen dazu und notieren Sie weitere Erkenntnisse.

5. 1Tim 1,19; 4,2 – Was haben diese Leute falsch gemacht?
6. Apg 24,16 – Wie könnte diese Übung aussehen, ein gutes Gewissen zu haben?
7. Hebr 13,18 – Wieso umreißt dieser Vers sehr gut unser Thema?

Persönliche Fragen:

8. Was tun Sie, um ein reines Gewissen zu haben?
9. In welchen Lebensbereichen sind Sie besonders gefährdet, nicht auf Ihr Gewissen zu hören? Was könnten Sie daran ändern?
10. Wie gehen Sie vor, wenn Ihr Gewissen Sie anklagt?

Praktische Aufgabe:

Sie haben in Bezug auf eine Sache oder Person ein schlechtes Gewissen? Dann regeln Sie das bitte noch heute.

36. Lebt in Frieden mit allen, ...

Lesen Sie den Text im Buch und beantworten Sie dabei folgende Fragen:

1. Welche Grundeinstellung sollten wir unseren Mitmenschen gegenüber haben?
2. Warum ist wichtig, zwischen den Taten eines Menschen und dem Menschen selbst zu unterscheiden?
3. Wenn wir unsere Mitmenschen so behandeln, wie wir selbst gerne behandelt werden würden, wie behandeln wir sie dann?
4. Was können Sie gegen übertriebene Empfindlichkeit tun?

Studieren Sie die Verse, beantworten Sie die Fragen dazu und notieren Sie weitere Erkenntnisse.

5. Mt 5,43-48 – Welches Verhalten erwartet der Herr Jesus von Ihnen?
6. Phim 4-20 – Was können Sie von der Haltung des Paulus lernen?
7. Ps 37,3-9 – Welche praktischen Anweisungen gibt uns dieser Abschnitt zu unserem Thema?

Persönliche Fragen:

8. Warum sollten wir niemals als Erzieher unserer Mitmenschen auftreten?
9. Wie ist Ihre Haltung, wenn Sie kritisiert werden?
10. Sie haben einen sehr unbequemen Zeitgenossen an Ihrer Seite. Wie gehen Sie mit ihm um?

Praktische Aufgabe:

Suchen Sie in dieser Woche bei Ihren Mitmenschen das, was lobenswert ist. Schulen Sie Ihre Augen!

»Gott hat uns erschaffen, um Menschen zu lieben und Dinge zu benutzen. Unser Problem ist, dass wir Dinge lieben und Menschen benutzen.«

37. Leben Sie opferbereit

Lesen Sie den Text im Buch und beantworten Sie dabei folgende Fragen:

1. Welche Eigenschaften sollten wir als gute Verwalter an den Tag legen?
2. »Brauche auf, nutze ab, repariere es oder komm ohne aus.« Warum ist das ein gutes Motto?
3. Wie sollten wir uns verhalten, wenn wir etwas aus Geldmangel nicht kaufen können?
4. Zu welchem Zweck sollten wir möglichst bescheiden leben?

Studieren Sie die Verse, beantworten Sie die Fragen dazu und notieren Sie weitere Erkenntnisse.

5. Spr 6,1-5; 11,15; 17,18; 20,16; 22,26; 27,13 – Was lernen Sie anhand dieser Stellen?
6. 2Kor 9,6-11 – Wie lautet Ihre Antwort auf diese Verse?
7. Spr 11,24-25 – Wozu ermutigen diese Verse Sie?

Persönliche Fragen:

8. Was können Sie tun, um bescheiden zu leben und andere dadurch reich zu machen?
9. Wie schwer fällt es Ihnen, in Bezug auf materielle Güter im Glauben zu leben? Warum?
10. Was müssten Sie tun, um aus Ihrem Mangel zu geben (Mk 12,44)?

Praktische Aufgabe:

Überlegen Sie, was in Ihrem Haushalt alles überflüssig ist und nicht mehr gebraucht wird. Was könnten Sie verkaufen? Warum tun Sie es nicht, um das das Geld für Bibeln einzusetzen?

»Ich ging zur Kirche. Ich saß auf einem samtenen Platz. Ich sah die Sonne durch farbige Glasfenster scheinen. Und der Pastor, in Samt gekleidet, öffnete die vergoldete Bibel, fügte sein samtenes Lesezeichen ein und sagte: ›Wenn jemand mein Jünger sein möchte, möge er sich selbst verleugnen, verkaufen, was er hat, es den Armen geben, sein Kreuz auf sich nehmen und mir nachfolgen.‹ Und ich sah mich um, und niemand lachte.«

38. Hüten Sie Ihre Zunge

> *»Ich bin tödlicher als die pfeifende Granate einer Haubitze. Ich gewinne, ohne zu töten. Ich zerstöre Familien, breche Herzen und mache Menschen zu Wracks. Ich reise auf den Flügeln des Windes. Keine Unschuld ist stark genug, mich einzuschüchtern, keine Reinheit rein genug, um mich zu entmutigen. Ich habe keine Achtung vor der Wahrheit, keinen Respekt vor der Gerechtigkeit, keine Barmherzigkeit mit den Wehrlosen. Meine Opfer sind so zahlreich wie der Sand am Meer und oft genauso unschuldig. Ich vergesse nie und vergebe selten. Mein Name ist Gerücht!«*
> *(zitiert aus Choice Gleanings)*

Lesen Sie den Text im Buch und beantworten Sie dabei folgende Fragen:

1. Nennen Sie Eigenschaften, die unser Reden kennzeichnen sollten.
2. Warum dürfen wir nicht Gerüchte weitergeben?
3. Wie sollten wir mit Klatsch umgehen?
4. Was können wir positiv mit unserer Zunge tun?

Studieren Sie die Verse, beantworten Sie die Fragen dazu und notieren Sie weitere Erkenntnisse.

5. Jak 3,1-12 – Was lernen Sie hier über die Zunge?
6. Mt 12,36 – Wozu leitet dieser Vers Sie an? Was gibt es zu bedenken?
7. Spr 18,21 – Wie reagieren Sie auf diese Warnung?

> *»Menschen hoher Gesinnung sprechen über Ideen. Menschen durchschnittlicher Gesinnung sprechen über Ereignisse. Menschen niedriger Gesinnung sprechen über andere Menschen.«*

Persönliche Fragen:

8. Klatsch ist: Informationen mit jemandem austauschen, der weder Teil des Problems noch der Lösung des Problems ist. Was denken Sie darüber?
9. Ps 141,3 – Warum wäre dies ein gutes Gebet für Sie?
10. Was würden Sie beten, damit Ihr Reden geheiligt wird?

Praktische Aufgabe:

Spr 18,21; 3Mo 19,16a; Spr 11,13; 20,19; Spr 16,28; 18,8; 26,20; Röm 1,29.30. Lernen Sie, hier treu zu sein, bekennen Sie Ihre Sünden und helfen Sie anderen mit diesen Stellen, ihr Reden zu überdenken.

»Die Zunge sollte dem Denken folgen,
nicht vorausgehen.
Es gibt mehr Menschen, die ihr Reden
bereuen, als solche,
die ihr Schweigen bereuen.
Wer spricht, sät, aber wer zuhört, erntet.«

39. Ehe

Lesen Sie den Text im Buch und beantworten Sie dabei folgende Fragen:

1. Welche Ziele hat Gott für die und mit der Ehe?
2. Welches Rollenverständnis gibt uns die Bibel vor?
3. Nennen Sie wenigstens fünf prägnante Punkte für die Ehe. Warum sind Ihnen diese wichtig?
4. Welche Prioritäten sind für eine gute Ehe bedeutsam?

Studieren Sie die Verse, beantworten Sie die Fragen dazu und notieren Sie weitere Erkenntnisse.

5. 1Petr 3,7 – Welchen Einfluss hat das Verhalten des Mannes gegenüber seiner Frau auf das Gebetsleben?
6. Eph 5,25-33 – Beschreiben Sie sorgfältig die Verantwortung des Mannes und der Frau.
7. 1Mo 2,18-25 – Welche Grundprinzipien für die Ehe stecken in diesem Abschnitt?

Persönliche Fragen:

8. »Ihr Männer, liebet eure Frauen.« Wo gibt es Schwierigkeiten?
9. »Ihr Frauen, seid unterwürfig euren eigenen Männern.« Was macht am meisten Mühe?
10. Warum ist es gut, verheiratet zu sein?

Praktische Aufgabe:

Suchen Sie in dieser Woche nach einer Möglichkeit, Ihrem Ehepartner etwas ganz besonders Schönes zu bereiten.

»Liebe ist, die wahren Bedürfnisse des anderen zu erforschen und zu stillen suchen.«

40. Kindererziehung

Lesen Sie den Text im Buch und beantworten Sie dabei folgende Fragen:

1. Warum muss das Wort Gottes den wichtigsten Platz in der Familie einnehmen?
2. Was sind wesentliche Erziehungsziele für das Kind?
3. Welche Rolle spielt das Vorbild der Eltern?
4. Warum sind gute Freunde unerlässlich für unsere Kinder?

Studieren Sie die Verse, beantworten Sie die Fragen dazu und notieren Sie weitere Erkenntnisse.

5. Spr 22,15; 13,24; Hebr 12,5-6 – Was lernen Sie hier über Formen der Erziehung?
6. Eph 6,4 – Warum steht das nur für den Mann in der Bibel? Wie kann der Vater Zorn verhindern?
7. 5Mo 6,6-9 – Welche Verantwortung haben die Eltern?

Persönliche Fragen:

8. Was können Sie tun, um die Beziehung zu Ihrer Tochter oder Ihrem Sohn zu verbessern?
9. Wie wichtig ist Literatur für Sie und Ihre Kinder? Was bieten Sie ihnen an?
10. Wie machen Sie Ihren Kindern die Bibel lieb?

Praktische Aufgabe:

Gestalten Sie einen gemeinsamen Abend mit Ihrer Tochter bzw. mit Ihrem Sohn.

41. Gottes Wege, nicht unsere Wege

Lesen Sie den Text im Buch und beantworten Sie dabei folgende Fragen:

1. In welchen Bereichen sind Gottes Wege anders als unsere? Nennen Sie wenigstens 10 Bereiche und erklären Sie Ihre Antwort!
2. Wie können wir unser Denken so ändern, dass wir gottgemäß denken?
3. Warum hat Gott besonders an den Schwachen und Unedlen Gefallen und erwählt sie? Was bezweckt Gott damit?
4. Was denkt Gott über unsere Beweggründe bzw. über unsere Taten?

Studieren Sie die Verse, beantworten Sie die Fragen dazu und notieren Sie weitere Erkenntnisse.

5. Jes 55,8-9 – Was beinhaltet es, dass seine Wege und Gedanken unendlich höher sind als unsere?
6. 1Kor 1,18-31 – Wie beschreibt dieser Abschnitt die Unterschiede zwischen Gottes Wegen und unseren?
7. Ps 77,13-20 – Was hat Asaph über die Wege Gottes gelernt?

Persönliche Fragen:

8. Gottes Gedanken und seine Wege sind so anders als unsere. In welchen Bereichen macht Ihnen das am meisten Mühe?
9. Was bringt Sie dazu, so zu denken und zu handeln, wie Gott es tut und möchte?
10. Was haben Sie erlebt, wenn Sie sich an seine Maßstäbe gehalten haben? (»Wenn wir christusähnlich sind, hält uns die Welt für verrückt.«)

Praktische Aufgabe:

Überdenken Sie Ihre Wahrnehmung von Menschen anhand ihrer äußeren Erscheinung: Was müssen Sie hier korrigieren?

Teil IV: Der Dienst des Christen

42. Erkennen Sie Ihre Gabe(n)

Lesen Sie den Text im Buch und beantworten Sie dabei folgende Fragen:

1. Wozu hat Gott der Gemeinde Gnadengaben gegeben?
2. Wie viele verschiedene Gaben werden im Neuen Testament erwähnt?
3. Welche Regeln hat der Heilige Geist zur Ausübung der Sprachengabe gegeben?
4. Wie kann man seine eigene Gabe erkennen?

Studieren Sie die Verse, beantworten Sie die Fragen dazu und notieren Sie weitere Erkenntnisse.

5. 1Kor 14 – Welche Schlüsselbegriffe fallen Ihnen auf? Welche Schlussfolgerung ziehen Sie daraus?
6. Eph 4,11-16 – Welches Ziel verfolgt der Heilige Geist hier mit den Gaben?
7. Röm 12,3-8 – Welche Gesinnung sollten wir bei der Ausübung unserer Gabe haben?

Persönliche Fragen:

8. Wie bringen Sie sich im Gemeindeleben mit Ihren Möglichkeiten ein?
9. Bei welchen Diensten könnten Sie Unterstützung gebrauchen?
10. Wie könnten Sie Ihren Dienst verbessern?

Praktische Aufgabe:

Dienen Sie in der Gemeinde, wo immer es Arbeit gibt. Seien Sie sich nicht zu schade, irgendwelche Arbeiten auszuführen. Bleiben Sie darin bescheiden.

43. Ein Diener von allen

Lesen Sie den Text im Buch und beantworten Sie dabei folgende Fragen:

1. Woran erkennt man einen Diener?
2. Warum unterscheidet ein Diener nicht zwischen »geistlichen« und »natürlichen« Bereichen?
3. Wie können wir Christusähnlichkeit im Dienen zeigen?
4. Was können Sie von Steve Farrar lernen?

Studieren Sie die Verse, beantworten Sie die Fragen dazu und notieren Sie weitere Erkenntnisse.

5. Kol 3,23-24 – Was lehrt Sie dieser Text bezüglich der Haltung eines Dieners?
6. 2Sam 23,13-17 – Warum sind diese Männer Helden?
7. Rt 2,7 – Wie ist Ihnen Ruth ein nachahmenswertes Vorbild?

Persönliche Fragen:

8. Warum dienen Sie gern?
9. Wem möchten Sie in Ihrem Dienst gefallen?
10. Wie kommt es, dass Sie sich über diejenigen ärgern, die selten mit Hand anlegen?

> *»Ich will dir eine Frage stellen. Möchtest du dich verändern? Bist du bereit? Willst du ein Diener werden? Wenn ich nicht falsch liege, liegt das Dienen nicht in deiner Natur. Vielleicht ist Dienen nicht der unbewusste Impuls auf Situationen in deinem Leben. Ganz sicher ist das auch nicht meine Reaktion. Aber weißt du was? Ich habe keine Wahl. Ich bin dazu berufen.«*

Praktische Aufgabe:

Suchen Sie sich bitte eine Aufgabe in der Gemeinde, die niemand gern tut und die vielleicht gar nicht wahrgenommen wird. Tun Sie diese nun mit Fleiß und Ausdauer.

44. Die Herausforderung persönlicher Evangelisation von David Dunlap

Lesen Sie den Text im Buch und beantworten Sie dabei folgende Fragen:

1. Was sind die vier wesentlichen Inhalte der Guten Nachricht, des Evangeliums?
2. Wie können Sie einem Menschen klarmachen, dass er Sünder ist?
3. Welche Mittel sollten wir bei der Vorstellung des Evangeliums benutzen?
4. Warum ist Gebet bei der Evangelisation so wichtig?

Studieren Sie die Verse, beantworten Sie die Fragen dazu und notieren Sie weitere Erkenntnisse.

5. Röm 3,10; 3,23; 5,8; 6,23; 10,9 – Warum sind diese Verse für die Verkündigung so wichtig?
6. Apg 1,6-8 – Wofür sollten wir unser Leben verschwenden? Warum?
7. Apg 3,12-26 – Was sind die Inhalte der Predigt des Petrus?

Persönliche Fragen:

8. Warum ist die Wahl unserer Worte wichtig (»Fachbegriffe«)?
9. Wie gehen Sie in einem Gespräch vor, um auf das Evangelium zu sprechen zu kommen?
10. Lernen Sie die in der Skizze angegebenen Bibelstellen auswendig. Sie brauchen sie ständig!

Praktische Aufgabe:

Schreiben Sie Ihr Zeugnis auf, wie Sie den Herrn gefunden haben, sodass Sie es in fünf Minuten erzählen können. Bedenken Sie folgende Punkte: Was war ich vorher, warum habe ich mich bekehrt, was hat sich seitdem verändert.

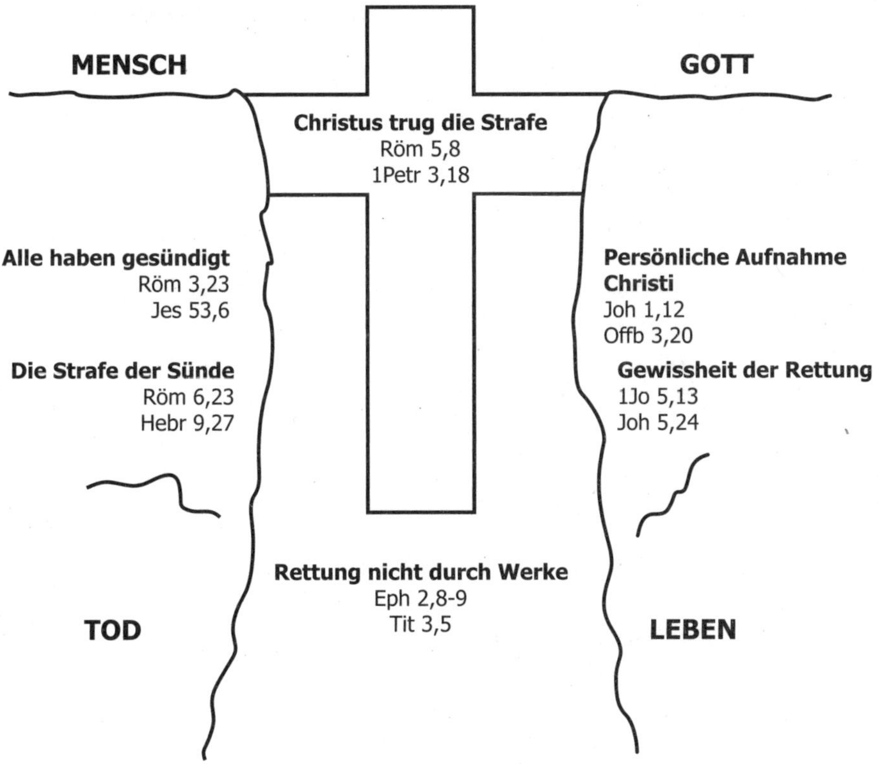
MENSCH
GOTT
Christus trug die Strafe
Röm 5,8
1Petr 3,18
Alle haben gesündigt
Röm 3,23
Jes 53,6
Die Strafe der Sünde
Röm 6,23
Hebr 9,27
Persönliche Aufnahme Christi
Joh 1,12
Offb 3,20
Gewissheit der Rettung
1Jo 5,13
Joh 5,24
Rettung nicht durch Werke
Eph 2,8-9
Tit 3,5
TOD
LEBEN

45. Predige das Wort

Lesen Sie den Text im Buch und beantworten Sie dabei folgende Fragen:

1. Warum ist die Berufung zum Predigen des ewigen Wortes Gottes so erstaunlich?
2. Warum ist eine Vers-für-Vers-Auslegungspredigt so wichtig?
3. Welche Qualifikation stellt die Schrift an den Prediger?
4. Was passiert, wenn wir Christus predigen, immer wieder Christus?

Studieren Sie die Verse, beantworten Sie die Fragen dazu und notieren Sie weitere Erkenntnisse.

5. 2Tim 4,1-4 – Welche Anforderungen werden hier an Prediger und Predigt gestellt?
6. Apg 20,19-21.24-25 – Was kennzeichnet Paulus als Prediger?
7. Lk 4,22.32 – Warum hatte der Herr Jesus Worte der Gnade und predigte in Vollmacht?

> *»Ich weiß nicht, wie ein christlicher Dienst je fruchtbar sein könnte, wenn der Verkündiger nicht in erster Linie mit dem Geist eines mitleidenden Erbarmens getauft ist. Wir können nie in Nöten helfen, wenn wir nicht mitfühlen. Herzen ohne Tränen werden nie echte Verkündiger der Passion sein können. Wir müssen bluten, wenn wir Verkündiger des rettenden Blutes sein wollen.«*

Persönliche Fragen:

8. Wie bereiten Sie sich auf eine Predigt oder Andacht vor?
9. Welche Hilfsmittel sind Ihnen bei einer Vorbereitung zur Predigt hilfreich?
10. Welchen Plan haben Sie, den ganzen Ratschluss Gottes zu verkündigen?

Praktische Aufgabe:

Arbeiten Sie heraus, warum Psalm 1 das Lebensprogramm jedes Christen sein sollte.

> *»Durch das Ausmaß unseres Gehorsams der Bibel gegenüber sind wir in unseren Predigten eingeschränkt. Wir können andere nicht über das hinausführen, was wir erreicht haben. Wenn wir das versuchen, könnten sie leicht sagen: ›Arzt, hilf dir selbst.‹«*

46. Engel beherbergen, ohne es zu wissen

Lesen Sie den Text im Buch und beantworten Sie dabei folgende Fragen:

1. Was können wir durch Gastfreundschaft einfach vermitteln?
2. Welche Gründe könnten vorliegen, jemand nicht einzuladen? Sind diese Gründe stichhaltig?
3. Worauf kommt es bei der Ausübung von Gastfreundschaft an?
4. Was bedeutet es eigentlich, Engel zu beherbergen?

Studieren Sie die Verse, beantworten Sie die Fragen dazu und notieren Sie weitere Erkenntnisse.

5. Röm 12,13; 1Tim 3,2; Tit 1,8; Hebr 13,2; 1Petr 4,9 – Was lehrt der Herr Sie durch diese Stellen?
6. Lk 10,38-42; Joh 12,1-8 – Was hat der Herr Jesus an diesen drei Menschen besonders geliebt?
7. Lk 14,12-14 – Welche praktische Konsequenz ziehen Sie aus diesem Abschnitt?

Persönliche Fragen:

8. Welche Erfahrungen haben Sie mit Gastfreundschaft gemacht?
9. Wie könnte das Ausüben von Gastfreundschaft in Ihrer Gemeinde verbessert werden?
10. Was lernen unsere Kinder beim Ausüben von Gastfreundschaft?

Praktische Aufgabe:

Laden Sie in dieser Woche wenigstens einmal jemand zu sich ein! Zeigen Sie ihm Ihre Liebe!

47. Das Leben im Glauben

Lesen Sie den Text im Buch und beantworten Sie dabei folgende Fragen:

1. Wie können Sie lernen, im Glauben zu leben?
2. Warum ist es der bessere Weg, mit dem Herrn als mit Menschen über seine Bedürfnisse zu sprechen?
3. Was sind gute Gründe, auf Spendenaufrufe zu verzichten?
4. Was können Hinderungsgründe sein, im Vertrauen auf Gott zu leben?

»Der Glaube ist die einzig passende und moralisch unverzichtbare Eigenschaft des Menschen, die Gott akzeptieren kann. Deswegen sind die Methoden, die wirklichen Glauben in uns und in den Neubekehrten fördern, die einzig richtigen und gesegneten Methoden. Es ist daher auch eines der wichtigsten Ziele des Teufels, den Glauben zu beeinträchtigen. Es ist wohl eines der effektivsten Mittel unter all seinen Listen, uns zu verführen, Methoden anzunehmen, die fälschlicherweise gute Resultate versprechen, obwohl sie keinen lebendigen Glauben erfordern – weil man sich dabei nicht in allen Dingen und andauernd auf Gott verlassen muss.«

Studieren Sie die Verse, beantworten Sie die Fragen dazu und notieren Sie weitere Erkenntnisse.

5. Ps 62,1-6 – Was sollen wir von David lernen?
6. 2Kor 9,8 – Was will Gott alles tun?
7. Hebr 11,24-28 – Worauf verzichtete Mose, und was bekam er stattdessen?

Persönliche Fragen:

8. Von welchen Erfahrungen können Sie berichten, als es darum ging, auf Gott zu vertrauen?
9. Sie vertrauen dem Herrn bezüglich Ihrer ewigen Errettung. Warum fällt es Ihnen schwer, hinsichtlich der täglichen Bedürfnisse auf ihn zu vertrauen?

10. »Dem Werk Gottes, getan auf Gottes Weise, wird niemals Gottes Versorgung fehlen.« Warum können wir uns darauf verlassen?

Praktische Aufgabe:

Erzählen Sie einem Freund oder einer Freundin, wie Sie erlebt haben, dass ein Leben im Glauben sich lohnt.

> *»Ich bin lieber das vertrauende Kind eines reichen Vaters als ein Bettler an der Tür weltlicher Menschen.«*

48. Eifer für Jesus

Lesen Sie den Text im Buch und beantworten Sie dabei folgende Fragen:

1. Was macht einen Christen zu einem Eiferer für Jesus?
2. Was bewirkte, dass der Herr Jesus und auch Paulus für »verrückt« erklärt wurden?
3. Wofür hat der Herr Jesus sein Leben verzehrt?

> *»Die Gipfel im Zeitgeschehen sind immer vulkanartig. Sie sind alle durch ein verstecktes Feuer entstanden, das einst in ihnen gebrannt hat.«*

Studieren Sie die Verse, beantworten Sie die Fragen dazu und notieren Sie weitere Erkenntnisse.

4. Neh 13,23-27 – Warum ereifert sich Nehemia dermaßen?
5. Röm 10,2 – Worauf müssen wir achten?
6. 2Kor 11,2 – Wie drückt sich Paulus´ Eifer aus?

Persönliche Fragen:

7. Woran kann es liegen, dass unser Leben mit dem Herrn oft so eintönig ist?
8. Wie stellen Sie sich das Leben eines Olympiasiegers vor? Was prägt sein Leben?
9. Für welches Ziel und welche Belohnung würden Sie Vollgas geben?

> *»Ihr jungen Leute, seid so verrückt für Jesus Christus wie nur möglich! Wenn ihr nicht in eurer Jugend begeistert seid – Junge! Wie muffig werdet ihr dann erst mit vierzig sein! Ja, wirklich! Ehrlich gesagt, ich würde das Risiko einer überspannten Begeisterung, die möglicherweise auf einen falschen Weg führt, einer ständigen Vorsicht vorziehen, durch welche man schon vor dem Tod abstirbt.«*

Praktische Aufgabe:

Lesen Sie bitte die Biografie von Jim Elliot (Elisabeth Elliot, »Durchs Tor der Herrlichkeit«, Bielefeld: CLV, 2009). Nachahmenswert oder verrückt? Beides?

49. Meiden Sie das Rampenlicht

> *»Der treue Knecht tut seine Arbeit und mag nicht, dass man darüber spricht; er möchte einfach weitermachen.«*

Lesen Sie den Text im Buch und beantworten Sie dabei folgende Fragen:

1. Welche Gefahren birgt das Rampenlicht für einen Diener des Herrn?
2. Was tat Jesus, um nicht im Rampenlicht zu stehen?
3. Wie können wir Geschwistern helfen, die im Rampenlicht stehen?

Studieren Sie die Verse, beantworten Sie die Fragen dazu und notieren Sie weitere Erkenntnisse.

4. Jer 45,5; Röm 12,16 – Worauf sollen wir uns konzentrieren?
5. 1Kor 1,26-31 – Was will der Heilige Geist in Bezug auf Rampenlicht besonders lehren?
6. Joh 3,29-34 – Welches Gegenmittel hat Johannes gegen Berühmtheit?

Persönliche Fragen:

7. Was können Sie tun, um Christus und nicht sich selbst ins »Rampenlicht« zu stellen?
8. » Was aber hast du, das du nicht empfangen hast? Wenn du es aber auch empfangen hast, was rühmst du dich, als hättest du es nicht empfangen?« Welche Haltung will der Heilige Geist in uns hier in Bezug auf das Rampenlicht hervorrufen?
9. Welche Anerkennung und Zustimmung suchen Sie? Was zählt letztlich?

> *»Wenn wir uns ins Licht stellen, fällt das Licht auf die falsche Person.«*

Praktische Aufgabe:

Bevor Sie das nächste Mal ins Rampenlicht treten, sollten Sie, statt selbst in Erscheinung zu treten, dafür beten, dass der Herr Ihnen hilft, ihn groß zu machen.

50. Vorrechte und Verantwortung in einer Gemeinde

Lesen Sie den Text im Buch und beantworten Sie dabei folgende Fragen:

1. Welche Vorrechte genießen wir dadurch, dass wir zu einer örtlichen Gemeinde gehören?
2. Welche Verantwortlichkeiten hat der Einzelne in der örtlichen Gemeinde?
3. Wie können wir motivieren, nicht nur die Vorrechte, sondern auch die Verantwortungen in der Gemeinde wahrzunehmen?

Studieren Sie die Verse, beantworten Sie die Fragen dazu und notieren Sie weitere Erkenntnisse.

4. Apg 2,42 – Warum sind diese vier Dinge für ein gesundes Gemeindeleben so wichtig?
5. Eph 4,1-3 – Wie können wir die Einheit des Geistes gut bewahren?
6. 1Petr 4,7-11 – Welche Dinge werden hier von uns erwartet? Was macht die Dringlichkeit aus?

Persönliche Fragen:

7. Wie ernst nehmen Sie die Verantwortung der persönlichen Heiligung in Ihrem Leben? Warum?
8. Warum ist die Gebetsstunde meist die am wenigsten besuchte Gemeindestunde?

Praktische Aufgabe:

Nehmen Sie in dieser Woche besonders Ihre Gebetsliste für die Gemeinde in Angriff und beten Sie sorgfältig für Ihre Geschwister.

51. Gemeinden gründen

Lesen Sie den Text im Buch und beantworten Sie dabei folgende Fragen:

1. Wie können wir dem Urteil »Treue ohne Frucht« oder »Wahrheit ohne Wachstum« entgehen?
2. Welche Dinge sollten berücksichtigt werden, wenn eine neue Gemeinde gegründet werden soll?
3. Warum hat der Apostel Paulus immer im Team gearbeitet?
4. Was sind wesentliche Hinderungsgründe für die Gemeindegründungsarbeit?

Studieren Sie die Verse, beantworten Sie die Fragen dazu und notieren Sie weitere Erkenntnisse.

5. Neh 1 und 2 – Womit begann der Mauerbau im Buch Nehemia?
6. Apg 13,1-4 – Was lehrt dieser Abschnitt über Gemeindegründungsarbeit?
7. 2Tim 2,1-6 – Warum ist Jüngermachen so wichtig, und welche Ausbildungsschritte werden hier genannt?

Persönliche Fragen:

8. Wie gehen Sie und die anderen Geschwister in Ihrer Gemeinde mit zweitrangigen Fragen des Glaubens um?
9. Wie unterstützen Sie eine Gemeindegründungsarbeit?
10. Nach welcher Vision gestalten Sie Ihr Leben?

Praktische Aufgabe:

Beten Sie dafür, dass der Herr Ihnen die Last auferlegt, in einem Gemeindegründungsteam mitzuarbeiten? Wenn dies bisher nicht der Fall ist, sollten Sie damit beginnen!

52. Gemeindewachstum durch Evangelisation

Lesen Sie den Text im Buch und beantworten Sie dabei folgende Fragen:

1. Wodurch kommen die meisten Menschen zum Glauben? Warum ist das so?
2. Welche Eigenschaften sollte eine Gemeinde, die am Evangelium arbeitet, aufweisen?
3. Welche verschiedenen Methoden können wir benutzen, damit Menschen den Herrn Jesus als Retter finden?
4. Wie wichtig sind gemeinsam mit Ungläubigen verbrachte Zeiten? Warum sind diese nützlich?

Studieren Sie die Verse, beantworten Sie die Fragen dazu und notieren Sie weitere Erkenntnisse.

5. Apg 4,32 – Was bewirkte diese herzliche Einigkeit?
6. Apg 5,11-14 – Wie erklären Sie sich diese Gegensätze? Weshalb kam es zu den herrlichen Ergebnissen?
7. 1Thes 1,2-10 – Warum hat diese Gemeinde eine so fruchtbare Evangelisationsarbeit?

> *»Aber wir müssen einen heiligen Schrecken davor haben, Jahr um Jahr weiterzumachen, ohne irgendwelche Bekehrungen zu erleben.«*

Persönliche Fragen:

8. Wie arbeiten Sie daran mit, dass Menschen zum Glauben kommen?
9. Wo haben Sie Defizite in der Evangelisation? Könnte Ihnen jemand in der Gemeinde dabei helfen? Fragen Sie ihn!
10. Wie können Sie diejenigen unterstützen, die offensichtlich begabt sind, das Evangelium weiterzusagen?

Praktische Aufgabe:

Beten Sie täglich und anhaltend für einen Menschen, den Sie zum Herrn führen möchten! Suchen Sie Möglichkeiten, mit ihm in Kontakt zu kommen. Unternehmen Sie etwas zusammen. Beten Sie dafür, dass Sie ihm ein Zeugnis sein können.
Lesen Sie das Buch von Jim Petersen, *Evangelisation: Ein Lebensstil*, Marburg: Francke, 2006.

> *»Wir bekommen das,*
> *wonach wir in unserem Leben streben.*
> *Lasst uns danach streben,*
> *Seelen zu erreichen!«*

53. Persönliches Jüngerschaftstraining

Lesen Sie den Text im Buch und beantworten Sie dabei folgende Fragen:

1. Welche wichtigen Themen müssen mit einem Neubekehrten durchgearbeitet und geübt werden?
2. Wie sieht ein Jüngerschaftstraining aus?
3. Wie können wir helfen, die gelernten Dinge in der Praxis anzuwenden?
4. Welches Vorbild hat uns der Herr Jesus bei der Ausbildung von Jüngern hinterlassen?

Studieren Sie die Verse, beantworten Sie die Fragen dazu und notieren Sie weitere Erkenntnisse.

5. Mk 3,13-15 – Wie sah der Beginn des Jüngerschaftstrainings bei dem Herrn Jesus aus?
6. Mt 9,36-10,5 – Welche Not bewegt den Herrn? Wie sollen die Jünger reagieren?
7. Eph 4,11-16 – Was brauchen die Heiligen, um sich am Dienst zu beteiligen? Woher könnten sie das bekommen? Wie wird es sich in ihrem Leben und Umfeld auswirken?

Persönliche Fragen:

8. Erstellen Sie sich einen Zeitplan, wie Sie einen Neubekehrten in der Jüngerschaftsschulung begleiten möchten.
9. Warum wollen Sie sich am Jüngermachen beteiligen? Nennen Sie möglichst viele Gründe.
10. Wem könnten Sie helfen, im Glauben zu wachsen? Welche Unterstützung brauchen Sie, um das umzusetzen?

Praktische Aufgabe:

Suchen Sie sich einen jungen Christen und unterweisen Sie ihn, indem Sie ihn zu einem Jünger machen. Dazu empfehlen wir folgendes Buch: LeRoy Eims, *Die verlorene Kunst des Jüngermachens*, Oerlinghausen: Betanien, 2005. Diesem Buch ist auch die nachfolgende Grafik entnommen, die hier mit Erlaubnis leicht verändert wiedergegeben wird:

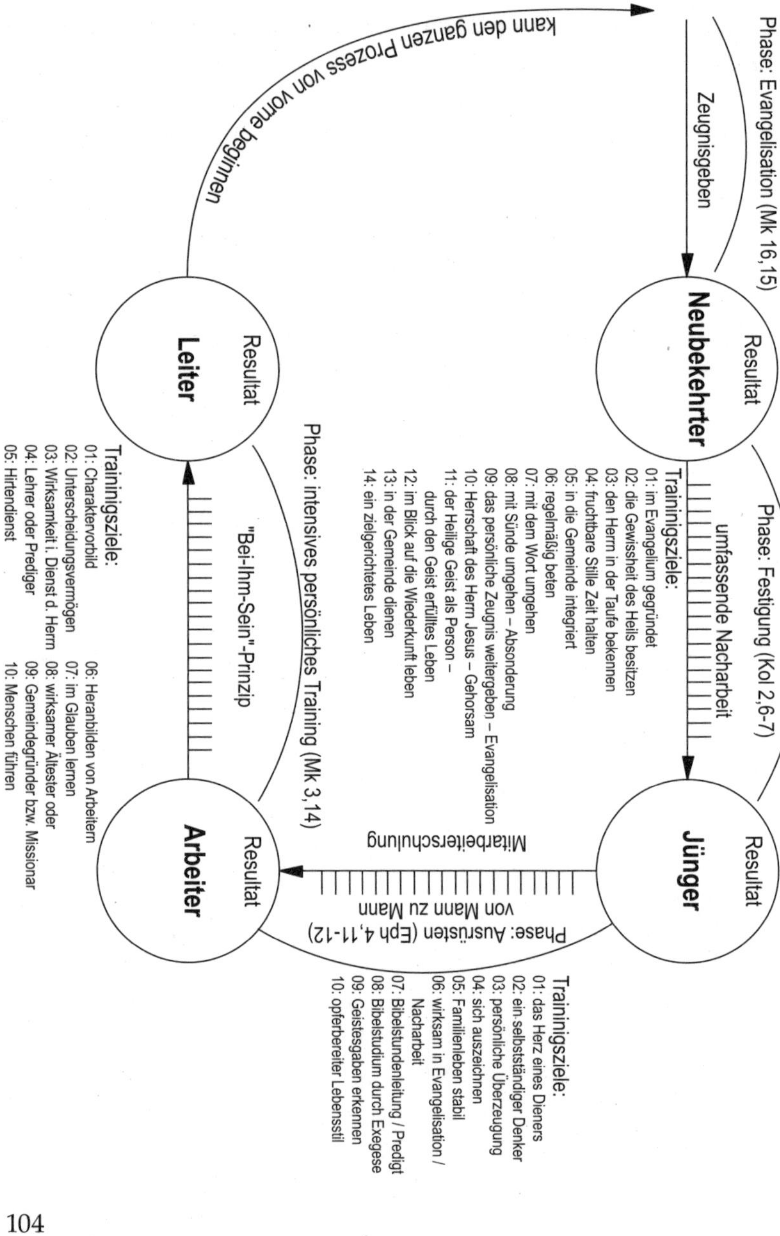

54. Ausbildung von Leitern von Rick Belles

Lesen Sie den Text im Buch und beantworten Sie dabei folgende Fragen:

1. Warum ist die Heranbildung von geistlichen Leitern für das Wohlergehen der örtlichen Gemeinde wichtig?
2. Wie sieht die Heranbildung aus?
3. Wie hat Paulus mit Timotheus im Blick darauf gearbeitet, dass er ein so wertvoller Leiter wurde?
4. Warum ist die Charakterbildung eine Schlüsseldisziplin?

Studieren Sie die Verse, beantworten Sie die Fragen dazu und notieren Sie weitere Erkenntnisse.

5. Joh 21,15-17 – Welche Lektion erteilt der Herr seinem Jünger Petrus, dem er hier eine besondere Verantwortung überträgt? Vergleichen Sie dies mit den neun Zielen dieser Lektion.
6. Röm 12,3-6 – Was lernen Sie hier über Berufung, Gabe, Stärke, Ausbildung und Zurüstung? Seien Sie praktisch und konkret! Was müssen wir hier beherzigen?
7. Apg 20,27 – Welche Inhalte/Themen gehören zum ganzen Ratschluss Gottes (nur Stichpunkte)? Woran müssten Sie noch arbeiten? Wenn Sie in jeder Woche eine Stunde dafür investieren, wie lange werden Sie dafür brauchen?
8. Mk 6,31 – Wieso ist dieser Vers so wichtig für Ihr Leben, ob als Jünger, als (Mit-)Arbeiter oder als Leiter? Welche praktischen Konsequenzen ergeben sich für Sie daraus?

Persönliche Fragen:

9. Was motiviert Sie, ein Leiter zu werden oder andere dazu auszubilden?
10. Wenn Sie kein Leiter werden, stellt sich die Frage: Wie möchten Sie die Leiter in Ihrer Gemeinde unterstützen? Wie können Sie ihnen zur Hand gehen?

Praktische Aufgabe:

Sprechen Sie mit einem der Leiter Ihrer Gemeinde und bitten Sie ihn, Ihnen drei wichtige Gebetsanliegen in Bezug auf seinen Dienst zu nennen. Schreiben Sie diese auf ein Kärtchen, um sie immer dabeizuhaben, und beten Sie wenigstens einen Monat regelmäßig dafür.

55. Außer- bzw. übergemeindliche Organisationen

Lesen Sie den Text im Buch und beantworten Sie dabei folgende Fragen:

1. Welche guten Argumente gibt es für solche Organisationen?
2. Was sind Argumente, die gegen diese Organisationen sprechen?
3. Welche grundsätzliche Haltung sollten wir uns aneignen?

Studieren Sie die Verse, beantworten Sie die Fragen dazu und notieren Sie weitere Erkenntnisse.

4. Lk 9,49-50 – Warum gibt uns dieses Wort eine gute Haltung und Antwort auf diese Frage?
5. Pred 7,16-17 – Wovor muss man sich immer hüten?

Persönliche Fragen:

6. Welche Erfahrungen haben Sie mit außer- bzw. übergemeindlichen Organisationen gemacht?
7. Wie können Sie darauf achten, dass alle Geschwister in Ihrer Gemeinde die Möglichkeit haben, mitzuarbeiten?

Praktische Aufgabe:

Bedenken Sie: Es gibt nicht immer »entweder oder«, manchmal gilt auch »sowohl als auch«.

56. Kleiner kann besser sein

> *»Ich verabscheue diesen Kampf um große Zahlen, der zu kollektivem Egoismus führt.«*
>
> *»Die Massen bringen Gottes Gericht über sich.«*

Lesen Sie den Text im Buch und beantworten Sie dabei folgende Fragen:

1. Was sind die Herausforderungen einer großen Gemeinde?
2. Welche Prinzipien in Bezug auf Größe nennt uns die Bibel?
3. Wie hat Gott sein Reich in dieser Welt gebaut? Benutzt er die Masse oder wenige? Qualität oder Quantität?
4. Warum kann der Satz »Wir leben in den Letzten Tagen« oder »Wir leben in der Zeit der kleinen Kraft« für eine kleine Gemeinde auch eine Ausrede sein?

> *»Jesus hat immer lieber mit einer kleinen Minderheit von 5% entschlossenen Seelen gearbeitet als mit einer großen Mehrheit von 95% unentschlossenen und wetterwendischen Leuten.«*

Studieren Sie die Verse, beantworten Sie die Fragen dazu und notieren Sie weitere Erkenntnisse.

5. Offb 3,7-13 – Was schätzt Gott besonders an dieser Gemeinde?
6. Mt 25,21.23 – Was wird der Herr letztlich belohnen? Wonach sollten wir vor allem trachten?
7. 1Kor 4,1-5; 3,5-8 – Worauf müssen wir achten? Welche Schwerpunkte in unserem Dienst sollen wir legen?

Persönliche Fragen:

8. Was beeindruckt Sie bei großen Gemeinden?
9. Wonach möchten Sie bezüglich der Gemeindegröße streben?
10. Wie sieht Ihr Beitrag zum qualitativen und quantitativen Gemeindewachstum aus?

Praktische Aufgabe:

Seien Sie heute treu in dem, was der Herr Ihnen anvertraut hat. Streben Sie danach, ihm hingegeben zu dienen, und überlassen Sie die Resultate ihm!

»Die kleine Gemeinschaft,
die von Gott selbst geprüft und getestet wurde,
ist viel besser als die große und beeindruckende Gruppe,
die von der Welt aufgrund ihrer Größe respektiert wird.«

57. Rat am Ende

Und nun?

1. Machen Sie es sich zur Gewohnheit, jeden Tag einem Menschen etwas Freundliches und etwas Schönes entgegenzubringen. Daraus könnten wunderbare Möglichkeiten zum Zeugnis entstehen.
2. Ermutigen Sie täglich jemanden. Es wird benötigt.
3. Murren Sie nicht. Wenn Sie 1. Korinther 10 lesen, werden Sie sehen, dass Gott Murren nicht mag.
4. Beten Sie wie Andrew Bonar, dass Sie »bis zum Schluss gut laufen«. Ihr Dienst soll nicht wie ein Feuerwerk explodieren, um dann in einem Aschenregen zu verlöschen.
5. Seien Sie fröhlich. Der Herr wird deswegen nicht böse sein. Franz Joseph Haydn sagte: »Gott schenkte mir ein fröhliches Herz. Er wird mir sicher vergeben, wenn ich ihm fröhlich diene.« Sagte der Psalmist nicht: »Dient dem HERRN mit Freuden«[10]?
6. Wenn Sie etwas versprechen, halten Sie es. Wenn Sie es nicht so meinen, sagen Sie es auch nicht zu.
7. Folgen Sie immer der inneren Eingebung, wenn es darum geht, etwas Gutes zu tun. Schieben Sie es nicht auf.
8. Seien Sie dankbar. Erinnern Sie sich an alle Ihre Segnungen. Sie werden staunen, was der Herr getan hat.
9. Verschwenden Sie keine Zeit. Bleiben Sie fleißig für den Herrn.
10. Besuchen Sie die Kranken, Alten und Trauernden. Schon Ihre Anwesenheit zeigt, dass Sie besorgt sind.
11. Leben Sie jeden Tag im Licht des Richterstuhls Christi. Bald werden wir dort sein. Wir wissen nur nicht, wie bald.
12. Halten Sie Ihre Worte zurück, stellen Sie eine Wache an Ihren Mund. Sie werden sich wundern, wie viel Sie durch Zuhören lernen.

---

10 Vgl. Psalm 100,2 (Elb 2003).

13. Versuchen Sie nicht, das Leben anderer Menschen zu planen oder zu führen. Sehen Sie sich nicht für alles im Universum verantwortlich.
14. Hängen Sie Ihre Schmerzen und Wehwehchen nicht an die große Glocke. Jeder hat selbst genug.
15. Versuchen Sie, Christus in anderen Gläubigen zu erkennen. Es hilft, eine gute Einstellung ihnen gegenüber zu haben.
16. Zeigen Sie ein geheiligtes Interesse an Kindern. Jesus liebt sie.
17. Bemühen Sie sich um eine gute Beziehung zu geistig und körperlich Schwachen. Jeder von ihnen ist für den Herrn etwas Besonderes und Wertvolles.

Praktische Aufgabe:

»… denen Gott kundtun wollte, welches der Reichtum der Herrlichkeit dieses Geheimnisses sei unter den Nationen, welches ist Christus in euch, die Hoffnung der Herrlichkeit; den wir verkündigen, indem wir jeden Menschen ermahnen und jeden Menschen lehren in aller Weisheit, auf dass wir jeden Menschen vollkommen in Christo darstellen; wozu ich mich auch bemühe, indem ich kämpfend ringe gemäß seiner Wirksamkeit, die in mir wirkt in Kraft« (Kol 1,27-29). Denken Sie über die Bedeutung dieser Verse für sich nach!

Anhänge

Anhang A: Interesse anfachen, nicht auslöschen

Lesen Sie den Text im Buch und beantworten Sie dabei folgende Fragen:

1. Was hat Gerd als junger Christ falsch gemacht?
2. Wie hätte sich Gerd als Sohn den Eltern gegenüber verhalten sollen?
3. Was müsste Gerd in seinem Leben ändern, damit sein Verhalten seine Worte unterstreicht?
4. Wie kann Gerd seiner Familie helfen, den Herrn Jesus zu erkennen?

Studieren Sie die Verse, beantworten Sie die Fragen dazu und notieren Sie weitere Erkenntnisse.

5. Mt 10,34-36 – Was müssen wir beachten, um diese Verse nicht zu missbrauchen?
6. 1Petr 2,20-24 – Worin ist der Herr Jesus uns ein Vorbild?
7. 2Kö 5,1-5 – Versuchen Sie zu beschreiben, wie sich das junge Mädchen verhalten hat, sodass Naaman sich zu Elisa aufmachte, um geheilt zu werden.

Persönliche Fragen:

8. Welches Verhalten müssten Sie ändern, damit Ihre ungläubigen Verwandten und Freunde für das Evangelium zugänglicher werden?
9. In welchen Bereichen unseres Lebens müssen wir sehr sorgfältig leben, damit Ungläubige nicht abgestoßen werden?
10. Wie können Sie durch Ihre Taten zeigen, dass der Herr Jesus Ihr Leben wirklich verändert hat?

Praktische Aufgabe:

Zeigen Sie diese Woche durch eine Liebestat einem Ihrer ungläubigen Nächsten, dass Sie ein echtes Herzensanliegen für ihn haben!

Anhang B: Evangelisation als Lebensstil

Lesen Sie den Text im Buch und beantworten Sie dabei folgende Fragen:

1. Beschreiben Sie bitte den Prozess der Evangelisation.
2. Wie sollten wir uns in unserer Umgebung den Ungläubigen gegenüber verhalten?
3. Versuchen Sie zu beschreiben, wo die Menschen in Ihrer Umgebung in Bezug auf Gott stehen.
4. Wie können wir Beziehungen zu Ungläubigen aufbauen, und warum ist das notwendig?

Studieren Sie die Verse, beantworten Sie die Fragen dazu und notieren Sie weitere Erkenntnisse.

5. Kol 4,5-6 – Was lernen Sie hier über Evangelisation als Lebensstil?
6. Joh 4,35-38 – Was lehrt der Herr Jesus hier in Bezug auf unseren Dienst am Evangelium?
7. Phil 2,14-16; Röm 12,12-21; Kol 4,5-6 – Was lehrt Paulus über unser Leben unter den Ungläubigen?

Persönliche Fragen:

8. Was sollten wir tun, um in unserer gewohnten Umgebung nicht als »Prophet«, sondern als Teil der sozialen Gemeinschaft aufzutreten?
9. Was hindert Sie, Zeit mit Ungläubigen zu verbringen? Gehen Sie bitte Ihren Zeitplan und Ihre Prioritäten durch und stellen Sie sich die Frage, ob etwas geändert werden müsste.
10. Wie möchten Sie vorgehen, damit Ihre Nachbarn den Herrn Jesus als Erretter kennenlernen?

Praktische Aufgabe:

Erstellen Sie bitte eine Liste mit allen Personen, mit denen Sie regelmäßig zu tun haben! Wo befinden sich die Leute Ihrer Meinung nach im Prozess hin zu Christus? Sind Sie gleichgültig (blau unterstreichen)? Unwissend (grün unterstreichen)? Unentschieden (rot unterstreichen)? Beten Sie nun täglich für diese Personen!

Familie	Bekannte	Nachbarn	Freunde	Arbeitskollegen

Anhang C: Jüngerschaft als Lebensstil

Lesen Sie den Text im Buch und beantworten Sie dabei folgende Fragen:

1. Welche Lektionen sollten wir von Petrus und dem großen Fischzug (Lk 5,4-11) lernen?
2. Wie benutzt der Herr das tägliche Einerlei, uns zu Jüngern zu machen?
3. Warum ist der Alltag (Schule, Haushalt, Arbeit) ein ideales Trainingscamp?
4. Was soll uns motivieren, den Alltag als Dienst für den Herrn anzusehen?

Studieren Sie die Verse, beantworten Sie die Fragen dazu und notieren Sie weitere Erkenntnisse.

5. Kol 3,23 – Warum könnte dieser Vers das Leitmotiv für jeden Jünger sein?
6. 1Petr 2,1-3.17 – Wie und wo sollen die Gläubigen ihren Priesterdienst ausüben?
7. 1Kor 7,20-24 – Warum ist es für den Betreffenden gut, in dem zu bleiben, worin er berufen ist?

Persönliche Fragen:

8. Warum ist es gut, die täglichen Dinge als Jünger zu erledigen?
9. Wie erleben Sie Jüngerschaft im Alltag? Was macht Ihnen Freude, was macht Mühe?
10. Wie können Sie jüngeren Christen helfen, Jüngerschaft als Lebensstil zu praktizieren?

Praktische Aufgabe:

Beten Sie heute vor jeder Tätigkeit, die anliegt: »Herr Jesus, hilf mir, diese Arbeit für dich zu tun. Zeig mir bitte, wie ich sie tun muss, damit du verherrlicht wirst.«

Anhang D: Ich liebe die Versammlungen

Lesen Sie den Text im Buch und beantworten Sie dabei folgende Fragen:

1. Welche 8 Punkte liebt William MacDonald besonders an den Brüdergemeinden?
2. Warum sind ihm diese Punkte so wichtig?
3. Warum ist das wöchentliche Gedächtnis an den Herrn bei dem von ihm eingesetzten Mahl so wesentlich?

Studieren Sie die Verse, beantworten Sie die Fragen dazu und notieren Sie weitere Erkenntnisse.

4. Eph 4,12 – Wie können wir unsere Gnadengaben einbringen, damit das Ziel dieses Verses erreicht wird?
5. Eph 5,25 – Wie sollte unsere Liebe zu den Gemeinden angesichts des großen Vorbilds unseres Herrn aussehen?
6. 2Kor 8,1-6 – Was ist an den Gemeinden Mazedoniens liebenswert und auch nachahmenswert? Wie haben diese Gemeinden ihre Liebe ausgedrückt?

Persönliche Fragen:

7. Welche Punkte würden Sie nennen, wenn Sie den nachfolgenden Satz vollenden müssten?
   Ich liebe die Gemeinden, weil …

Praktische Aufgabe:

Überlegen Sie sich bitte einen Punkt, wie Sie Epheser 4,12 am kommenden Sonntag umsetzen können!

Anhang E: Sollen wir einen Pastor anstellen?

Lesen Sie den Text im Buch und beantworten Sie dabei folgende Fragen:

1. Warum ist es sinnvoll, einem vollzeitlichen Mitarbeiter in der Gemeinde kein festes Gehalt zu zahlen?
2. Welche Gefahren bestehen, wenn jemand finanziell von der Gemeinde abhängig ist?
3. Welche Einstellung sollte ein vollzeitlicher Mitarbeiter in Bezug auf finanzielle Versorgung haben?

Studieren Sie die Verse, beantworten Sie die Fragen dazu und notieren Sie weitere Erkenntnisse.

4. 1Tim 5,17-18 – Wie sieht anhand dieser Stelle unsere Verantwortung gegenüber Arbeitern in der Gemeinde aus?
5. Apg 20,32-35; Phil 4,13-19 – Was lernen wir in Bezug auf Arbeiten und Geld von Paulus?

Persönliche Fragen:

6. Welche Verantwortung haben wir als Gemeindeglieder in Bezug auf den »Ochsen, der da drischt«?
7. Wie kann ich helfen, damit vollzeitliche Mitarbeiter am Reich Gottes ihren Dienst in der Stellung vor Gott mit Freude tun?

Praktische Aufgabe:

Der vollzeitliche Mitarbeiter braucht auch Urlaub, neue Autoreifen, Essen und Trinken, Schulbedarf für seine Kinder, gute Literatur und all das, was jeder von uns benötigt! Seien Sie kreativ, beten und fragen Sie den Herrn, wo und wie Sie ihn unterstützen können.

Anhang F: Denken, wie Gott denkt

Lesen Sie den Text im Buch und beantworten Sie dabei folgende Fragen:

1. In welchen 8 Punkten denkt Gott ganz anders als die Welt?
2. Worin unterscheiden sich die Wertmaßstäbe Gottes und diejenigen der Welt?
3. Warum sind Gottes Gedanken so anders als die der Welt?
4. Wie kann ich lernen, so zu denken, wie Gott denkt?

Studieren Sie die Verse, beantworten Sie die Fragen dazu und notieren Sie weitere Erkenntnisse.

5. 1Kor 1,18-21 – Wie unterscheidet sich hier das Denken Gottes und das Denken der Welt?
6. 2Kor 12,1-10 – Welche Lektion musste Paulus in Bezug auf Gottes Gedanken lernen?
7. Hos 11,8-9 – Wie ist Gott in diesen Versen? Warum handelt er so?

Persönliche Fragen:

8. Mit welchem dieser 8 Punkte im Blick auf Gottes Denken haben Sie am meisten Mühe? Warum ist das so?
9. Was würde Ihnen helfen, so zu denken, wie Gott denkt?
10. Beschreiben Sie den Zeitlauf/Zeitgeist dieser Welt! Wie wird heute in der Welt gedacht? Was sagt die Bibel zu diesem Denken?

Praktische Aufgabe:

Wir sollten dort Buße tun, wo wir uns in unserem Denken der Welt angepasst haben! Römer 12,1-2 fordert Sie zur Erneuerung Ihres Denkens auf. Werden Sie bitte konkret! Durch das Lesen der Bibel wird unser Denken richtig geprägt!

Anhang G: Christliche Literatur – Möglichkeiten und Grenzen

Lesen Sie den Text im Buch und beantworten Sie dabei folgende Fragen:

1. Welche großen Vorteile hat Literatur?
2. Was kann Literatur nicht leisten?
3. An welchen Stellen sind Menschen als gute Werkzeuge in der Hand des Meisters nicht zu ersetzen?

Studieren Sie die Verse, beantworten Sie die Fragen dazu und notieren Sie weitere Erkenntnisse.

4. 2Tim 4,1-5 – Wenn Sie der Empfänger dieser Zeilen wären, wo würden Sie mit Literatur arbeiten und wo selbst Hand anlegen?
5. Apg 8,26-35 – Welchen Dienst versieht Philippus in dieser Geschichte?
6. 2Kö 22,8-14 – Welche Wirkungen hatte der Fund des Buches des Gesetzes?

Persönliche Fragen:

7. Wie können Sie mithelfen, gute christliche Literatur zu verbreiten?
8. Dawson Trotman sagte: »Die Lösung ist der Mensch, nicht Materialien.« Warum stimmen Sie dem zu / nicht zu?
9. Wie viele evangelistische Bücher haben Sie in den letzten 12 Monaten gelesen? Welches würden Sie weiterempfehlen? Warum?

Praktische Aufgabe:

Verschenken Sie jede Woche ein gutes evangelistisches Buch!

Anhang H:
Grundlegend – wichtig – nebensächlich

Lesen Sie den Text im Buch und beantworten Sie dabei folgende Fragen:

1. Welche biblischen Lehren sind unverhandelbar?
2. Welche Themen gehören zu den wichtigen, aber nicht grundlegenden Dingen? Worauf muss hier besonders geachtet werden?
3. Wie sollte die Ortsgemeinde mit den wichtigen Themen umgehen?
4. Was ist nebensächlich, und wir sollen wir mit diesen Themen in unserer Ortsgemeinde umgehen?

Studieren Sie die Verse, beantworten Sie die Fragen dazu und notieren Sie weitere Erkenntnisse.

5. 2Kö 5,17-19 – In welchen Bereich würden Sie diese Begebenheit einordnen? Warum?
6. Gal 2,11-14 – Um welchen Bereich handelt es sich in dieser Geschichte? Warum ist Paulus so energisch?
7. Apg 11,1-18 – Um welchen der drei Bereiche handelte es sich in dieser Geschichte? Warum erzählt Petrus sehr detailliert den Ablauf des Erlebten?

Persönliche Fragen:

8. Was wäre für Sie ein stichhaltiger Grund, eine Gemeinde zu verlassen?
9. Erklären Sie, warum es so viel Streit um »Nebensächliches« gibt. Was läuft da schief?
10. Wenn jemand neu in Ihre Gemeinde käme, was würden Sie dieser Person hinsichtlich dieser Themen erklären?

Praktische Aufgabe:

Beurteilen Sie folgende Tabelle. Warum stimmen Sie zu oder was würden Sie anders zuordnen?

Grundlegend	**Wichtig**	**Nebensächlich**
Inspiration der Schrift	Taufe	Götzenopfer
Dreieinigkeit	Scheidung und Wiederheirat	Beachten von Feiertagen
Gottheit Christi	Reihenfolge zukünftiger Ereignisse	Reine und unreine Speisen
Menschwerdung Jesu	Erwählung und menschliche Verantwortung	Wein oder Traubensaft beim Mahl des Herrn
Jesu stellvertretender Tod am Kreuz, seine Grablegung, Auferstehung und Himmelfahrt	Heilssicherheit	Ungesäuertes oder gesäuertes Brot
Das Evangelium, Errettung aus Gnade, durch Glaube ohne Werke	Rolle von Mann und Frau in der Gemeinde	Ein Kelch oder Einzelkelche
Die Wiederkunft Christi	Geistesgaben	Uhrzeit der Zusammenkünfte
Die ewige Strafe für die Verlorenen		Musikinstrumente im Gottesdienst
		Benutzung verschiedener Bibelübersetzungen
		Methoden des christlichen Dienstes

Anhang I: Ein Pastor für jede Gemeinde?

Lesen Sie den Text im Buch und beantworten Sie dabei folgende Fragen:

1. Warum ist die Aufteilung der Gemeinde in Geistliche und Laien kein biblisches Prinzip?
2. Anhand welcher Bibelstellen können wir belegen, dass Gott keinen Pastor zur Leitung der Gemeinde haben möchte, sondern ein Team von Ältesten und Dienern (Diakonen)?
3. Wer sind die Mitarbeiter in der Gemeinde?
4. Was passiert mit den Gemeindegliedern, wenn der Pastor die Hauptarbeit übernimmt?

Studieren Sie die Verse, beantworten Sie die Fragen dazu und notieren Sie weitere Erkenntnisse.

5. 1Petr 2,4-10 – Was lehrt uns dieser Abschnitt über unser geistliches und königliches Priestertum? Wer sind die Priester, welche Dienste und Aufgaben haben sie?
6. 1Kor 14,26-33 – Wer alles soll vorbereitet in die Zusammenkünfte der Gläubigen kommen? Welches Ziel verfolgt der Heilige Geist mit diesen Anordnungen?
7. Eph 4,8-18 – Wen hat Gott zur Vollendung der Heiligen eingesetzt? Was lehrt dies über die Rolle eines Pastors?

Persönliche Fragen:

8. Wie bringen Sie sich in Ihre Gemeinde ein? Was ist Ihr Dienst zur Förderung der Mitgeschwister?
9. Wie tragen Sie zur Förderung der jüngeren Geschwister in Ihrer Gemeinde bei?

Praktische Aufgabe:

Machen Sie es zu einem Gebetsanliegen, dass alle Geschwister mitarbeiten! Ermutigen Sie Jüngere, mit den ihnen anvertrauten Gaben sich zum Wohl der Gemeinde und zur Verherrlichung Gottes einzusetzen.

Von diesem Kurs profitieren

Maßstäbe und Voraussetzungen gibt es bei jeder Schulung. Ohne Maßstäbe ist die Schulung wie ein Spiel ohne Regeln. Man hat dann keine Möglichkeit, Ergebnisse oder die Effektivität der Teilnahme zu messen. Die folgenden Richtlinien machen die Schulung sowohl effektiv als auch sinnvoll.

1. ANWESENHEIT. Die Teilnehmer sollten sich vornehmen, möglichst alle Seminartreffen zu besuchen, um so den größten Nutzen daraus zu ziehen. Die Erfahrung hat gezeigt, dass ein Teilnehmer, der mehr als drei Lektionen verpasst, den Zusammenhang verliert.
2. PÜNKTLICHKEIT. Unpünktlichkeit bringt zum Ausdruck, dass man den Wert der Zeit des anderen gering schätzt. Pünktliches Erscheinen bei den Seminartreffen ermöglicht es, dass man zeitig beginnen und enden kann.
3. HAUSAUFGABEN. Die Hausaufgaben bilden den wesentlichsten Bestandteil dieses Kurses. Die persönliche Auseinandersetzung mit der Lektion bzw. mit der Heiligen Schrift ermöglicht sinnvolle Teilnahme an der Gesprächsrunde und größeren Gewinn von dem darauffolgenden Vortrag.
   a) Einige Tipps dazu:
      - Beginnen Sie rechtzeitig mit dem Erarbeiten der Hausaufgabe. Warten Sie nicht, bis Sie in Zeitnot kommen. Diese wichtige Aufgabe soll in Ihrem Wochenplan vorgesehen sein.
      - Schauen Sie sich zuerst das Aufgabenblatt an. Am Anfang wird die Leseaufgabe angegeben. Lesen Sie dann die Leseaufgabe. In der Regel werden sich die Aufgabenfragen auf die Leseaufgabe beziehen.
      - Beantworten Sie alle Fragen. Wenn Sie eine Frage nicht verstehen, sollten Sie Ihren Gesprächsleiter anrufen! Es kann sein, dass er die Frage versteht. Manche Fragen werden schwer sein, denn sie wollen das Nachdenken bzw. die Anwendung anregen.

4. DIE AUSWERTUNG DER HAUSAUFGABEN. Die Gesprächsleiter stehen dazu bereit, Ihre Arbeit auszuwerten. Dies ist ein Hilfsmittel, um unser Verständnis bzw. unsere Anwendung des Gelernten zu fördern. Wenn die Hausaufgabe einmal nicht gemacht werden kann, soll sie beim nächsten Treffen nachgereicht werden.
5. AUSWENDIGLERNEN. Die Teilnehmer müssen einige Verse pro Woche auswendig lernen.
6. AUSWERTUNG DES KURSES. Wichtiger als die Bewertung der Gruppenleiter ist die »Bestätigung Gottes«, die wir suchen. Wir sollten uns die Tatsache vor Augen halten, dass dieser Kurs unsere Verantwortung vergrößert. Wem viel gegeben ist, von dem wird viel gefordert werden (Lk 12,48). Die wichtigste Prüfung im Blick auf den Kurs ist die persönliche Anwendung von Gottes Wahrheit. Der Beweis liegt in einem veränderten Leben. Wenn wir in den »Spiegel« des Wortes Gottes schauen und uns dann nicht entsprechend verändern, haben wir das Ziel dieser Schulung verfehlt (Jak 1,22-25).

   Lassen Sie sich daher ermutigen, konkrete Schritte hin zu einem veränderten Leben zu gehen!

Quellenverzeichnis

Seite	Zitat von	siehe Buch[11] Seite
28	Thomas Gill	83
34	Zitat aus *Daily Notes of Scripture Union*	94
36	Autor unbekannt	119
37	James Stewart	122
38	William Law	126
38	Autor unbekannt	127
39	William Kelly	125
40	Autor unbekannt	128
40	William MacDonald	144
40	William MacDonald	144
41	Autor unbekannt	135
42	William MacDonald	153
46	Lady Powerscourt	158
47	Stewart, James S., *King Forever*, Nashville: Abingdon, 1973, S. 60-61.	160/429
48+49	Dr. Ironside (bitte einmal streichen)	178
54	William MacDonald	198
54	William MacDonald	200
54	Autor unbekannt	199
54	William MacDonald	201
65	Ein alter englischer Bischof	220
65	Autor unbekannt	220
65	William MacDonald	221
66	C. H. Spurgeon	221
66	Autor unbekannt	223
69	William MacDonald	231
77	Amy Carmichael	266
79	Anonym	274
80	Søren Kierkegaard	282/430
81	Zitiert aus Choice Gleanings	288
81	Admiral Hyman Rickover	284
82	William MacDonald	288

11 William MacDonald, *Seiner Spur folgen.*

83	Walter Nitsche, *Lieben will gelernt sein*, edition philemon Birkenfeld, 9. Auflage 2009, S. 20	
89	Steve Farrar	312
92	J. H. Jowett	328
93	William MacDonald	327
95	Lang, G. H., *Anthony Norris Groves*, London: The Paternoster Press, 1949, S. 275.	336/431
96	Corrie ten Boom	339
97	Mackay, W. Mackintosh, *The Men Whom Jesus Made*, London: Hodder and Stoughton, 1924, S. 187.	340-341/ 431
97	Taylor, Bishop John, *The People and the King* (Living in Hope), Bromley: STL Books, nicht datiert, S. 98.	342/431
98	Coates, C. A., *An Outline of Mark's Gospel and Other Ministry*, Sussex: Kingston Bible Trust, 1964, S. 30.	344/431
98	William MacDonald	345
101	William MacDonald	357-358
102	William MacDonald	358
108	E. Stanley Jones und Charles Bing	373
108	Stewart, James S., King *Forever*, Nashville: Abingdon, 1973, S. 91.	372/431
109	Ridout, Samuel, *Lectures on Judges and Ruth*, New York: Loizeaux Bros., 1958, S. 125.	372/431